KB262180

평범한 대학생의 취업 완전 정복기

취업 성공 바이블

BiBle **3**

평범한 대학생의 취업 완전 정복기

취업 성공 바이블

초판 1쇄 인쇄 | 2009년 3월 15일
초판 1쇄 발행 | 2009년 3월 20일

지은이 | 정병옥
펴낸이 | 정병옥
발행처 | 더 블루오션
판매처 | 북오션

종   이 | 대한실업
출   력 | 푸른서울
인   쇄 | 정민문화

주   소 | 서울특별시 마포구 노고산동 56-70 아인스오피스텔 301
이메일 | eefree@naver.com
홈페이지 | club.cyworld.com/theblueoceanbooks
전   화 | (02)322-6709
팩   스 | (02)3143-3964

ISBN 978-89-962102-0-7 (03320)

* 책값은 뒤표지에 있습니다.
* 잘못 만들어진 책은 구입하신 서점에서 교환해 드립니다.

취업 성공 바이블

정병옥 지음

더[블루]오션

큰 글을 시작하며 ;

요즘 여러 사회 이슈들이 많지만, 항상 빠지지 않는 이슈 중 하나는 젊은이들의 취업난이다. 취업난에 힘들어하는 친구들을 보면 안타까운 생각이 든다. 분명 취업을 준비하는 과정은 쉽지 않은 과정이지만, 그 어떤 시기보다도 즐기며 많은 것을 느끼고 배울 수 있는 시기이기도 하다.

나에게 인생에서 가장 보람찼던 시기가 언제냐고 묻는다면 자신 있게 취업을 준비하던 시기라고 대답할 것이다. 나도 물론 다른 친구들처럼 맘고생도 많이 했지만, 하루하루 성장하는 나의 모습을 느낄 수 있었기 때문이다.

세상을 살아가면서 우리는 여러 번의 시험을 친다. 하지만 대부분의 시험은 자신이 알고 있는 특정 부분에 대한 시험일 뿐이다. 하지만 취업을 준비하면서 겪는 시험은 한 개인이 살아온 인생에 대한 시험이라 할 수 있다. 취업전형은 개인의 시장가치가 얼마나 되는지를 평가받는 시험인 것이다.

이런 점 때문에 입사전형에서 불합격하면 그 좌절감이 더욱 큰 것이다. 나란 인간은 이 정도밖에 되지 않는 것인가? 나는 다른 이들보다 잘할 수 있는데, 왜 몰라주는 것인가? 같이 면접을 보는 경쟁자들은 왜 이렇게 뛰어나 보이는 것인가? 등등 많은 생각을 하게 된다.

평소 들어보지도 못했던 회사에 입사지원서를 제출하였지만, 어이없이 서류전형에서 탈락하여 좌절감을 느낄 수도 있고, 모두가 선망하는 기업에서 하나같이 뛰어나 보이는 경쟁자를 제치고 최종 합격할 수도 있는 것이다.

　내가 취업준비를 하면서 아쉬웠던 부분은 아무것도 모르는 상황에서 취업이라는 문제에 부딪혀 혼자 힘으로 해결해야 했던 것이다. 세상의 많은 사람들이 취업이라는 문제를 이미 겪었고, 각자의 방법으로 해결하였는데도 말이다. 구체적으로 어떤 준비를 어떻게 하였고, 어려움은 무엇이었는지 등등에 대해서 안다면 그리 막막하지 않았을 텐데, 이런 것에 대한 조언을 듣기가 쉽지가 않았다.

　더구나 어릴 때부터 나름대로의 꿈을 가지고 무언가를 이루기 위해 살아오지 않았었기 때문에 막상 취업을 하려니 막막하였다. 대부분의 사람들이 다닌다는 이유 하나로 아무 생각 없이, 초중고교를 다녔고, 대학을 다니며 군대를 다녀왔고, 친구들과 술 마시고 당구 치고 컴퓨터 오락을 하며 지내다 보니, 어느덧 대학을 졸업해야 할 시점인 것이었다. 취업을 위해 준비한 것이라고는 아무것도 없는 – 그 흔한 공모전 수상은커녕 참가 경험조차 없으며, 자격증이라고는 운전면허증밖에 없었고, 학점과 외모 또한 평범했던 – 나에게 취업은 인생의 최대 고비였다.

　하지만, 나에게는 긍정적인 삶의 태도가 있었다. 취업을 위해서 무엇인가를 특별히 준비한 것은 없었지만, 그동안 살아왔던 삶에서 많은 것을 배우고 느꼈기에 어떤 회사에서 어떤 일을 하더라도 잘 할 수 있을 것이라는 자신감이 있었다. 그리고 면접관도 나를 인정하게 할 수 있을 것이라는 자신감이 있었다. 결국 긍정적인 삶의 태도에서 나오는 자신감으로 난 취업전선에서 승리하였다. 흔히 말하는 화려한 경력을 가진 스펙이 좋은 친구들보다 훨씬 좋은 결과를 얻었다.

사회에 발을 딛기 일보 직전인 취업을 준비하는 이들에게 조금이나마 도움을 주고자 부족하지만, 부끄러움을 무릅쓰고 책을 준비하였다. 아무런 자격증도 없이, 미래에 대한 준비도 없이 평범하게 생활하였지만, 그 누구보다도 성공적인 구직활동을 경험한 선배의 조언이다. 모든 이의 성공적인 취업을 위하여!

책의 구성 :

아직도 많은 사람들이 입사지원을 하는 시기가 되어서야 취업에 대해서 진지하게 걱정을 한다. 다양한 경험, 도움이 되는 자격증, 좋은 대학, 좋은 학점, 높은 토익 점수를 갖추기 위해서 뒤늦게 노력을 할 것이다. 하지만, 이러한 요소들을 모두 업그레이드하기에는 이미 너무 늦은 감이 없지 않다. 더구나, 여태껏 해놓은 것이 아무것도 없다고 해서 과거로 돌아가서 다시 살 수는 없다.

위안을 가질 수 있는 한 가지 중요한 사실은 소위 말하는 이러한 스펙이 취업의 결정조건이 아니라는 것이다. 스펙보다 결정적인 다양한 변수들이 존재한다. 씁쓸한 사회의 단면이지만, 부모님이 대통령이나 국회의원, 고위 공직자, 대기업 사장 정도 되면 취업 걱정은 안 해도 될 것이다. 하지만, 우리 같은 평범한 사람의 입장에서 이는 고려할 필요가 없는 사항이고, 우리가 이용해야 할 결정적인 변수는 자기소개서와 면접이다.

입사 지원의 첫 단계인 서류전형시 기준학점과 토익점수를 정해놓고 필터링을 통해서 기준에 미달되는 지원자는 탈락을 시킨다는 회사도 있지만, 많은 회사에서 지원자의 자기소개서를 꼼꼼히 읽어보고, 매력적인 자기소개서를 작성한 지원자에게는 면접의 기회를 준다고 한다. 회사마다 약간의 차이는 있지만, 일단 서류전형에서 통과를 하면, 동일한 조건에서 기회를 갖는 것이기에, 면접에서 좋은 결과를 얻는다면 성공적인 취업을 할 수 있는 것이다.

내가 입사를 준비하던 시기에 주위 사람들이 의아하게 생각했던 사실은 나보다 좋은 스펙을 가진 사람들도 서류전형이나 면접에서 불합격하는 경우가 많은데, 나는 지원을 하면 거의 다 합격을 하였다는 점이다. 그 비결을 묻는 사람들에게 "난 원래 운이 좋은 놈이다"라고 대답을 했지만, 사실 그 비결은 경쟁력 있는 자기소개서와 면접의 기술이 아니었나 싶다.

이 책은 결정적인 취업의 변수인 자기소개서 작성과 면접 기술을 효과적으로 익힐 수 있도록 세 부분으로 이루어져 있다.

'Bible 1 – 좌충우돌 취업 준비기'에서는 취업에 대한 아무런 준비가 되어 있지 않은 상황에서 시작하여 취직에 필요한 자기소개서 작성, 면접 준비 등 취업 노하우를 터득하는 과정을 담았다.

'Bible 2 – 여유로운 취업 실전기'에서는 취업 준비기에서 터득한 노하우를 실제 여러 회사에 입사지원시 적용을 하고, 실제 면접을 통해서 새로운 사실을 깨닫고 느끼는 과정을 담았다. Bible 2의 내용 중 각 회사에 제출하였던 자기소개서는 중복되는 내용이 많으니, 관심 있는 회사에 관한 내용을 선택적으로 읽는 것이 효율적일 것이다.

'Bible3 – 백전백승 취업 필살기'에서는 취업을 준비하면서 나름대로 깨닫고 느꼈던 점을 정리하여 놓았다.

Bible 1, 2는 취업과정의 경험담을 담았고, Bible 3은 경험담을 통해 얻은 압축된 취업에 대한 상식 및 노하우, 그리고 취업에 도움이 될 수 있는 유익한 정보를 담았다. Bible 1, 2, 3이 끝나면, 입사 후 회사생활에 도움이 되는 몇 가지 팁이 기다리고 있다. Bible 1, 2, 3을 통해서 성공적인 취업을 한 후 합격의 기쁨을 만끽하기 바란다. 그리고 입사 후에는 이 책을 다시 펼쳐 회사생활에 대한 내용을 보기 바란다.

이 책을 통해서 자기소개서 작성과 면접기술을 향상시킨다면 분명히 원하는 기업에 취업할 수 있을 것이다.

차례 ;

Bible 2; 여유로운 취업 실전기

Bible 3; 백전백승 취업 필살기

Bible 1 ;

좌충우돌 취업 준비기

1장; 첫 면접(현대 홈쇼핑 MD)

: : 하고 싶은 일 정하기

대학 4학년이 되니, 미래에 대한 불안감이 느껴지기 시작하였다. 마지막 학기인 다음 학기에는 취업을 해야 졸업식에 떳떳한 모습으로 참석할 수 있을 것인데, 취업을 위해서 준비해놓은 것이 너무 없었다. 더구나 아직 미래에 무엇을 할지에 대해서 구체적으로 생각하지도 않았다. 일단 일하고 싶은 직장보다는 하고 싶은 직무에 대해서 생각해보았다.

'미래에 무엇을 할 것인가?'

'어떤 일이 가장 나에게 맞는 것일까?'

사실 하고 싶은 것은 너무 많지만 그렇다고 어떤 하나만을 꼭 하고 싶지는 않았다. 다양한 직업에 대해서 알아보던 중 MD라는 직업에 대해서 알게 되었다. 대략 알아본 바로는 어떤 상품의 판매를 위해 기획하고 공급자를 만나는 등의 일련의 업무를 한다는 것이 마음에 들었다. 창의력을 발휘해야 하고, 역동적인 모습도 있어야 한다는 점이 특히 마음에 들었다.

MD에 대해서 관심을 가지고 더 많은 것을 알아보고 싶었는데 아직

대중화된 직업이 아니어서 그런지 알아보는 데 한계가 있었다. 이때 많은 도움이 되었던 것이 인터넷 카페였다. 포털사이트의 'MD가 되고 싶은 사람들'이라는 카페에 가입하여 MD라는 직무에 대해서 알아볼 수 있었다. 포털 사이트의 카페나 클럽에서는 단순히 객관적인 정보가 아닌 실제 그 회사에서 해당 직무를 수행하는 선배의 경험에서 우러나오는 생생한 정보를 얻을 수 있었다. 또한 여러 유익한 카페나 클럽 중 특히, 포털사이트 다음의 '취업 뽀개기' 카페에서는 취업 전반에 대한 많은 정보를 얻을 수 있었다.

:: 모집공고

대학 4학년 1학기를 마치고, 방학이 왔다. 학생에게 방학이라면 마냥 기쁜 시기이지만, 대학 4학년 1학기 방학은 달랐다. 더구나 다음 학기에는 취업을 해야 하는데, 여전히 취업을 위해 준비해놓은 것은 아무것도 없었다. 방학 동안에 인턴 경험을 하는 것이 취업에 도움이 된다는 이야기는 익히 들었기에, 인턴 모집공고를 유심히 살펴보았다. 이때 유심히 보았던 곳이 학교 취업정보과의 게시판이었다. 취업에 도움이 되는 인터넷 사이트들은 많으나, 그곳엔 너무나 많은 정보가 있었다. 수많은 정보 중 진정 필요한 정보만을 걸러내기가 쉽지가 않았다. 가장 정제된 정보가 있는 곳을 선택하는 것이 중요하였고, 학교 취업정보과 게시판이 그 역할을 하였다.

겨울방학이 시작되고 얼마 후, 학교게시판에 현대홈쇼핑 MD모집 공고가 떴다. 입사지원서를 작성하기 시작했다. 일단 사진을 붙여야 하는데, 시작부터 문제가 생겼다. 정장을 입고 찍은 사진이 없었던 것이다. 선배들에게 입사지원서의 사진은 정장을 입고 찍어야만 한다는 이야기를 들었지만, 나에겐 정장이 없었다. 찜찜했지만, 설마 사진으로 당락을 결정하지는 않을 것이라는 생각에 차선책으로 몇 달 전 운전면허를 갱신하면서 찍은 증명사진을 이용하였다. 붉은 스웨터를 입고 찍었는데 썩 마음에 드는 사진이었다. 일단 사진은 그렇게 해결하였는데, 갈수록 태산이었다.

처음으로 이력서와 자기소개서를 쓰려고 하니 앞이 막막하였다. 그래도 26년의 인생을 살았는데 이리도 해놓은 것이 없을 수가 있단 말인가? 나의 대학생활은 이토록 헛되었던 것인가? 도대체 난 무엇을 하고 무슨 생각을 가지고 살았단 말인가? 이력서와 자기소개서 공란을 채우기가 막막했다. 하지만 나에겐 자신감이 있었다. 입사를 하면 그 누구보다 일을 잘 할 수 있을 것이라는 자신감이 있었다. 아무튼 겨우 이력서와 자기소개서를 쓰고 제출하였다.

1. 자기소개

첫째, 저는 언제 어디서나 잘 적응하여 즐겁게 지낼 수 있는 사람입니다. 1999년도에 고향인 부산을 떠나 서울에서 학교를 다니고, 강원도에서 군 생활을 하고, 미국에서 어학연수를 하는 와중에 자취, 하숙, 기숙사 생활 등등 여러 환경에서 살았지만, 항상 즐겁게 지냈었습니다. 둘째, 누구와도 잘 지낼 수 있는 사람입니다. 상대방의 성별과 연령을 불문하고, 어떤 성격을 가졌는가에도 상관없이 쉽게 친구가 됩니다. 이로 인해서 때로는 사이가 좋지 않은 두 사람을 화해시키는 전령의 역할을 담당하기도 합니다. 그리고 항상 새로운 만남을 즐기는 사람입니다. 셋째, 저는 지금 완벽하게 준비된 사람은 아니지만 제가 무엇을 위해 노력해야 하는지를 아는 사람입니다. 기분 나쁘게 받아들일 수도 있는 다른 사람들의 충고를 감사히 여길 줄 아는 사람입니다. 그리고 이를 통해서 어제보다 나은 오늘의 제가 되기 위해 노력하는 사람입니다. 마지막으로 저는 믿을 수 있는 사람입니다. 어떤 일이라도 일단 맡게 되면 어떤 일이 있더라도 그 일을 마무리 짓는 책임감을 가진 성실한 사람입니다.

2. 학교생활 및 사회 경험

첫째, 저는 대학에서 신문방송, 경영, 경제 세 가지를 함께 복수전공하였습니다. 삼 전공을 하게 된 가장 큰 이유는 다방면에 관심이 많았기 때문입니다. 무언가 새로운 것을 배운다는 것에 대해서 기쁨을 느끼는 호기심을 가지고 있습니다. 둘째, 동아리 활동과 관련하여, 최근에는 자주 참석하지 못하나, 영화공동체라는 영화동아리와 근사모(근육을 사랑하는 사람들의 모임)라는 운동동아리에서 활동을 하였습니다. 셋째, 학업과 동아리 활동 모두 저에게 중요하였지만, 무엇보다도 저에게 중요하였던 것은 동기와 선배와 함께하였던 대학생활입니다. 그들과 함께 공부하며, 놀며 서로의 앞날에 대한 꿈을 나누며, 고민하는 과정을 통해서 현재 제가 있을 수 있었다고 생각합니다. 넷째, 야학 교사와 대리운전과 같은 학생으로서 경험하기 쉽지 않은 다양한 사회경험을 직접 겪기 위해 노력하였습니다. 구로구 오류동의 오류 애육원에서 원생들의 학업을 돕기 위한 야학 교사를 하면서 사회봉사에 대해서 알 수 있었고, 방학 중 대리운전 아르바이트를 하면서 우리 사회에 대해서 조금 더 많은 것을 알 수 있었습니다.

3. 현장실습 지원동기(희망업무와 관련하여 설명)

첫째, MD는 제가 희망하는 직업입니다. 마케팅 환경, 시장 정보, 소비자 정보, 트렌드, 판매 실적 등을 분석하여 소비자가 만족하는 상품을 기획, 선정하여 제조업체와 가격 및 판매 수량을 결정하여 판매하고, 사후 소비자 불만사항을 수렴하여 문제점을 개선하는 MD라는 직업은 다방면에 관심이 있고, 끊임없는 도전정신을 가진 저에게 가장 적합한 직업이라고 생각합니다. 따라서 MD라는 직업에 대해서 경험해볼 수 있는 이번 현장 실습은 저에게는 놓칠 수 없는 기회입니다. 둘째, 현대홈쇼핑은 무한한 발전 가능성을 지닌 회사입니다. CEO가 직접 블로그 운영하며, 그 블로그를 현대홈쇼핑 홈페이지를 통해서 방문할 수 있게 한 부분에서 기존 기업과는 다른 신선함을 발견하였습니다. 뿐만 아니라, 현대홈쇼핑은 홈쇼핑업계에서 후발주자임에도 불구하고 타 업체와는 달리 지속적인 성장을 이루고 있습니다. 더구나 제13회 고객만족경영대상 부문대상/최우수상을 수상하였는데, 이번 기회를 통해서 그 비결을 배우고 싶습니다. 뿐만 아니라, 이번 현장 실습을 통해서 현대홈쇼핑에 도움이 되는 무언가를 공헌하고 싶고, 나아가 현대홈쇼핑과 함께 인생을 설계하게 되는 계기를 마련하고 싶었기에 현장실습을 지원하였습니다.

:: 서류전형 합격자 발표

합격 여부가 발표되기 전까지 긴장하였다. 과연 내가 서류 통과를 할 수 있을 것인가? 난 잘할 수 있는데, 객관적으로 보이는 나에 관한 자료는 별로 내세울 것이 없다. 과연 내가 쓴 이력서와 자기소개서를 면접관은 읽어보기는 할까? 합격 여부가 발표되는 날, 나에게는 연락이 오지 않았다. 그때 느낀 실망감과 좌절감은 평생 잊을 수 없을 것이다. 무엇이 문제였는가? 내가 그리 부족했을까? 혹시 정장을 입고 사진을 찍지 않아서였을까? 많은 생각이 뇌리를 스쳤다.

'현대홈쇼핑! 잘 되는가 보자. 앞으로 평생 현대홈쇼핑에서 물건을 구입하는 일은 절대 없을 것이다!'

꿀꿀한 기분을 풀기 위해 친구와 소주 한 잔을 하였다. 나와 대학 동기이지만, 졸업이 한 학기 빠른 친구는 이미 여름방학 때 삼성전자 인턴 경험이 있었다. 친구는 합격 발표가 예고 없이 늦어질 수도 있으니 낙심 말고 조금 더 기다려보라고 위로 아닌 위로를 하였다. 그 말을 듣고 다시 일말의 희망을 가졌다. 그로부터 3일 후 합격자 발표가 났다. 그리고 난 합격을 하였다.

처음으로 도전하는 취업의 길. 서류전형을 통과하였다는 연락에 너무도 기뻤다. 조금 전까지의 근심과 걱정은 한 순간에 날아가 버리고 '그럼 그렇지 나 같은 인재를 못 알아볼 리 없지' 라는 자만심도 생겼다. 해 놓은 것은 아무것도 없으면서.

:: 면접

면접 일정이 잡혔다. 면접 또한 막막했지만, 마침 지난 여름방학 때 현대홈쇼핑에서 인턴을 한 친구가 있어서 현대홈쇼핑에 대한 많은 자료를 얻을 수 있었다. 첫 면접이어서 걱정 반 근심 반으로 면접장으로 향했다. 면접 장소는 현대 홈쇼핑 본사였다. 현대 홈쇼핑에서 인턴을 한 친구가 면접장까지 데려다줘서 쉽게 갈 수 있었다.

드디어 시작된 첫 면접은 나의 예상과 전혀 달랐다. 열댓 명의 지원자가 회의실에 둘러앉아, 자유로운 분위기로 주어진 주제로 자신에 대해서 소개를 하는 것이었다. 나의 순서는 열 번째 정도였다. 경쟁자인 지원자들이 다들 똑똑해 보여서 조금 걱정이 되었다. 하지만 막상 주어진 주제로 자신에 대해서 소개를 하는데, 그다지 인상적으로 잘하는 친구가 없었다. 예상보다 지원자들이 버벅거려서 내심 안심이 되었다.

취업시즌 초기 면접에서는 지원자들이 버벅거리는 경우가 많다. 미리 준비를 하는 경우가 그리 많지 않을 뿐더러, 나름대로 준비를 하더라도 실전 경험이 없기에 대다수가 버벅거린다. 반면, 취업시즌 후반기에는 대부분의 지원자들이 말을 조리 있게 잘 한다. 남들보다 한 발 앞서 준비를 한다면, 경쟁률이 낮은 초기에 성과를 얻을 수 있을 것이다.

드디어 나의 차례가 와서 주어진 주제에 맞게 이야기를 하였다. 다른 지원자들이 이야기할 때 나름 생각을 하였기에 유머러스하게 이야기하여 회의실 내의 면접관이나 다른 지원자들의 반응도 좋았다. 순간 기분이 좋아진 나는 치명적인 실수를 하고 만다. 마지막 주제가 '나의 단점'이었는데, 무난하게 넘어갔어야 하는 이 부분에서 나는 나의 단점은 친구들에게서 가끔 사이코 같다는 이야기를 듣는 것이라고 이야기하였다.

순간 좋았던 면접장 분위기는 싸해졌다. 다른 지원자들의 얼굴에서 '쟤가 왜 저러나?' 라는 표정을 읽을 수가 있었다. 순간 당황한 나는 더 큰 실수를 한다. 예전에 나도 나에게 사이코 같은 면이 있다고 생각해서 프로이트나 기타 정신분석학에 대한 책을 읽는 등의 과정을 통해서 이를 고치려고 노력하였다고. 말을 끝내고 느꼈다.

'아, 이렇게 끝나는구나.'

며칠 후 합격자 발표가 있었지만, 나에게는 합격 연락이 오지 않았다.

비록 실패로 끝났지만, 첫 면접을 통해서 가장 중요한 사실을 알았다. 취업준비를 위해서 지원하는 회사나 직무에 대해서 아는 것도 중요하지만, 더욱 중요한 것은 자신에 대해서 알아야 한다는 것이다. 면접은 상대방에게 '나'를 알리는 과정이다. 주어진 시간 안에 상대방이 나에게 호감을 느끼도록 하여야 한다. 외모, 목소리, 몸짓 등 모든 것이 상대방의 판단에 영향을 미칠 수 있다. 따라서 일단은 자신에 대해서 상대방에게 알릴 수 있게끔 준비가 되어 있어야 한다. 이렇게 하여 방학 동안 현대홈쇼핑에서 인턴 경험을 하려고 했던 나의 계획은 물거품이 되었다. 면접 본다고 정장도 한 벌 샀는데……. 그래도 많은 것을 배웠다는 사실에 위안을 삼으며 다시 일상으로 돌아갔다.

현대 홈쇼핑의 직무소개

1. 영업

방송 MD(방송 상품 소싱 업무), CM(Hmall 상품 소싱 업무) 카탈로그MD, 기획 및 제작, 특수영업(엔터테인먼트) T-Commerce, M-Commerce, PPL 등의 스타 연계 사업, TV 및 모바일 내의 판매 관련 업무, 방송편성(프로그램 편성)

2. 방송

Live/사전제작 PD, 쇼호스트, 영상/음향/카메라, 조명/편집, 그래픽(2D, 3D), Live C/G

3. 경영지원

기획/업무혁신, 인사/교육, 총무/시설, 회계/재무

4. 영업지원

고객보호(TM, 클레임처리), CS기획 및 운영업무, 물류, 품질연구소(상품 품질 보증 관련), SCM(상품재고와 배송진행 관련 업무 및 마진심사 등의 업무), Hmall(Hmall 매장 및 사이트 기획, 커뮤니티 운영, 방송서비스 관리 및 웹디자인), SO 기획/운영 및 관리(케이블 방송 사업 관련)

2장; 업그레이드 시기

: : 취업특강 프로그램

현대홈쇼핑 면접에서 떨어진 후 며칠 뒤 학교 게시판에 취업특강 프로그램에 대한 공지가 떴다. 일주일 코스로 취업에 대한 특강을 한다는 내용이었다. 취업 준비를 위한 특강을 받는다는 것이 왠지 어딘가 모자란 사람으로 보일까봐 신청을 하기 싫었다. 더구나 만 원의 수강료에 걸맞은 조잡한 과정일 것 같아서 신청을 망설였다.

하지만, 딱히 다른 할 일이 없었기에 취업특강에 수강신청을 하였다. 결과적으로 이 특강을 통해서 얻은 소득은 매우 컸다. 취업특강에서 얻은 가장 큰 소득은 자신감을 얻었다는 것이다. 사실 자신감이야 예전부터 있었지만, 예전의 자신감은 근거 없는 자신감이었고, 특강을 통해서 얻은 자신감은 근거를 갖춘 자신감이었다. 자신감의 근거는 다른 사람들과 나의 차별화를 가능케 할 객관적인 무엇인가를 찾았다는 것이다.

: : 입사지원서 작성의 패러다임을 바꿔라

입사전형의 첫 단계인 서류전형을 준비하기 위해서 입사지원서를 작성할 때 많은 사람들이 지원서 제출 마지막 날까지 고민에 고민을 거듭하여 지원서를 겨우 작성하고 제출한다. 이는 사실 좀 어리석은 행동이라 할 수 있다. 다른 누군가는 간단히 30분 만에 지원서를 작성하는데, 자신은 몇 날 며칠을 고생을 하는 것은 정말 크나큰 낭비인 것이다. 더구나 30분 만에 작성한 지원서가 오히려 더 합격할 가능성이 크다면 더욱 큰 문제이다.

나의 경우 첫 입사지원서와 몇 개를 제외하고는 모두 30분 내에 작성을 끝냈지만, 거의 다 합격을 하였다. 그 과정에서 다른 지원자와의 차이점은 다른 대부분의 지원자는 자기소개서의 항목에 맞는 자기소개를 쓰려고 고민을 하였고, 나는 내가 어떤 사람인가에 대해서 고민을 하여 나름대로의 자기소개를 쓴 다음에, 지원하는 회사의 자기소개서 항목에 맞추어서 이미 작성한 자기소개서의 일부를 그대로 옮겨 적었던 것이다. 사실 옮겨 적은 것도 아니고 복사하여 붙여 넣기를 하였다.

많이들 경험해 보았을 것인데, 어떤 질문에 대한 적절한 답을 대답하기는 쉽지가 않다. 질문을 받는 순간에 이미 그 질문의 틀 속에 갇혀버리게 되어 생각의 폭이 좁아지는 것이다. 자신의 인생에 대해서 그냥 편하게 생각하면, 재미있는 일도 많았고, 슬펐던 일, 후회하는 일, 보람찼던 순간도 많이 생각날 것이다. 하지만, 막상 가장 보람찼던 순간에 대한 질문을 받으면 사고의 폭이 좁아지게 되어 생각이 잘 나지 않아 선뜻 답을 못하게 되는 것이다.

일반적인 자기소개서 작성 패러다임은 주어진 입사지원서의 자기소개서 항목에 맞는 자기소개를 고민하여 적는 것이고, 새로운 자기소개서 작성 패러다임은 미리 생각해놓은 자기소개를 주어진 입사지원서의 자기소개 항목에 그냥 붙여 넣는 것이다.

이 방법이 더욱 효과적일 수밖에 없는 이유는 대부분 회사의 입사지원서의 자기소개서 항목이 크게 차이가 나지 않는다는 것이다. 그리고 때로는 질문과 다소 동떨어진 자기소개라도 그냥 붙여 넣는 것이 나쁘지 않을 수도 있다. 남들과 다른 개성이 느껴질 수도 있기 때문이다.

:: 자신에 대해 질문하기

새로운 입사지원서 작성 패러다임을 실제로 적용하기 위해서는 종이와 펜만 있으면 된다. 침대에 누워도 좋고, 책상에 앉아도 좋고, 따뜻한 햇볕을 받으며 벤치에 앉아도 좋고, 잔디밭에 누워도 좋다. 아무것이나 생각나는 질문을 자신에게 해본다. 사람들은 누구나 자신에 대해서 잘 알 것이라고 생각한다. 하지만, 막상 구체적으로 파고들면 대답하기가 곤란한 부분이 많음을 알 수 있을 것이다.

아무튼, 질문은 면접관이 한다고 생각하고, 마치 면접 장소에서 대답하듯이 답변을 준비하면 더욱 효과적일 수 있다. 질문/생각/대답/대답의 장, 단점을 정리해보는 것도 많은 도움이 될 것이다. 몇 가지 예를 들면 다음과 같다.

Q 질문 1 : 인간에 대한 자신만의 정의는?

T 생각 : 인간에 대한 정의는 제법 많이 들어보고, 나도 생각을 해봤지. 뭐가 좋을까?

'인간은 도구를 사용하는 동물이다.'

도구의 사용이 없었다면, 현재 인류가 이처럼 발전된 문명사회에서 생활할 수 없었을 거야. 그런데, 침팬지 같은 동물도 도구를 사용하던데, 그럼 침팬지도 인간이 되어버리네? 다른 걸 생각해야지.

'인간은 언어를 사용하는 동물이다.'

이거 괜찮은 거 같네. 언어가 없었다면, 세대가 바뀌면서 문명의 전수가 이루어지지 않았을 것이고, 어쩌면 우리는 아직 수천 년 전의 원시인의 모습으로 살아가고 있을지도 모르지. 그런데, 돌고래 같이 지능이 뛰어난 동물은 자신들만의 언어로 대화를 한다고 하는 것 같던데, 언어 또한 인간만의 고유한 특성이 아닌 것 같군. 그럼 뭐가 있을까?

'인간은 꿈을 가진 동물이다.'

이거 괜찮네. 인간이 아닌 다른 존재가 미래를 꿈꾸며 살아간다는 이야기는 들어본 적이 없잖아? 근데, 꿈을 가지지 않고 그냥 하루하루 살아가는 사람들도 많은데, 그 사람들은 인간이 아니라는 이야기가 되네. 이 부분은 어떻게 설명하지? 하루가 모두에게 똑같은 의미를 지니는 것은 아니지. 식물인간의 하루와 식물인간이 아닌 사람의 하루는 같을 수 없지. 꿈을 가진 사람과 꿈을 가지지 않은 사람의 하루도 마찬가지 아니겠어? 꿈을 가지지 않고 살아간다면 진정한 의미의 삶을 살아간다고 할 수 없지. 이런 식으로 설명하면 되겠군.

A 대답 : '인간은 꿈을 가진 동물이다.' 이것이 저만의 인간에 대한 정의입니다. 미래를 꿈꾸며 살아간다는 것이 다른 동물들과 구별되는 인간만의 고유한 특성인 것 같습니다.

●● 대답의 장·단점

• 장점 : 진취적인 가치관이 느껴지는 듣는 사람에게 감동을 줄 수 있다.

• 단점 : 다소 추상적인 답변으로 받아들일 수 있기에 시빗거리가 될 수도 있다.

나의 답변

Q 질문 1 : 인간에 대한 자신만의 정의는?

T 생각 :

A 대답 :

●● 대답의 장·단점

• 장점 :

• 단점 :

Q 질문 2 : 가장 감명 깊게 본 영화는?

T 생각 : 내가 가장 감명 깊게 본 영화는 고등학생 때 본 니콜라스 케이지 주연의 'Leaving Las Vegas', 로버트 드니로 주연의 'Once upon a time in America', 애드워드 노튼 주연의 'American History X' 정도가 기억이 나네. 수천 편의 영화를 봤는데, 막상 감명 깊게 본 영화를 얘기하려고 하니 퍼뜩 생각이 나지 않네. 그런데 생각이 나는 영화 세 편도 한결같이 왜 이렇게 어두운 거야? 아무튼, 감명 깊게 본 영화에서 무엇을 느꼈지? 'Leaving Las Vegas'에서는 인간의 고독을 느꼈던 것 같아. 시간이 흘러 그때의 그 감동이 지금 다시 느껴지지는 않지만, 당시에는 정말 감동을 받았던 것 같네. 나머지 두 편도 재미있게 보고 감동도 받았지만, 가장 감명 깊게 본 영화는 'Leaving Las Vegas'인 것 같네. 근데 이거 감명 깊게 본 영화로 대답하기에는 영화가 좀 어두운데 괜찮을까?

'실직한 알코올중독자가 라스베이거스에서 만난 창녀와의 사랑을 담은 영화입니다.'

이거 줄거리에 대해서는 얘기하지 말아야겠다. 줄거리 대신 친구가 건네준 영화의 OST가 감동적이어서 영화를 찾아보게 되었다는 이야기를 해야지.

A 대답 : 가장 감명 깊게 본 영화는 고등학생 때 본 니콜라스 케이지 주연의 'Leaving Las Vegas'입니다. 친구가 건네준 영화의 OST가 감동적이라

영화를 비디오를 빌려서 봤습니다. 인간의 고독을 슬프지만 아름답게 그려
낸 영화였습니다.

●● 대답의 장 · 단점

• 장점 : 대부분의 면접관들이 고독한 아버지일 것이므로 고독이라는 주제
를 공감할 것이다.
• 단점 : 젊은 청년이 고독을 이야기하면 성격상 문제가 있는 사람으로 판
단할 수 있을 것이다.

나의 답변

Q 질문 2 : 가장 감명 깊게 본 영화는?

T 생각 :

A 대답 :

●● 대답의 장·단점

• 장점 :

• 단점 :

Q 질문 3 : 가장 감명 깊게 읽었던 책은?

T 생각 : 고등학생 때 류시화의 《하늘 호수로 떠난 여행》을 감명 깊게 읽었던 것 같다. 《마음을 열어주는 101가지 이야기》와 같이 감동적인 이야기를 모은 책이었던 것 같은데, 내용이 잘 기억나지 않네. 그렇다면 진정으로 감명 깊게 읽었던 책이라고 할 수 없지. 초등학생 때 셜록 홈즈 추리소설 시리즈도 정말 재미있게 보았고, 중학생 때 베르나르 베르베르의 《개미》도 정말 재미있게 보았는데, 감명을 받았다기에는 부족하지. 뭐가 있을까? 아, 그 책이 있었지. 책을 읽을 때 속독을 하는 편이라 두꺼운 소설책 한 권도 한

시간이면 읽었던 내가 200쪽도 안 되는 얇은 책을 10시간 동안 붙잡고 읽어야만 했던 적이 있었지. 고등학생 때 아침 일찍 등교하여 야간 자율학습 시간까지 다른 일 아무것도 안 하고 그 책만 읽었는데, 꼬박 10시간이 넘게 걸려서 겨우 다 읽을 수가 있었던 《프로이트 정신분석학 입문》. 문화적 충격이었지. 그 책을 계기로 동네 서점을 떠나 멀리 대학교 앞에 있는 서점에서 철학, 종교학 등 다양한 분야의 다양한 책을 접할 수 있었지. 프로이트 정신분석학 관련 서적을 읽다가 한때 정신과 의사가 되고 싶다는 생각도 했으니, 이 정도면 감명 깊게 읽었던 책이라고 할 수 있겠네. 근데 프로이트를 싫어하는 사람도 있을 것 같은데 괜찮을까?

A 대답 : 가장 감명 깊게 읽은 책은 《프로이트 정신분석학 입문》입니다. 인간의 정신 상태를 분석하는 프로이트의 해석 자체도 훌륭하지만, 제가 다양한 분야의 책을 접할 수 있는 계기를 마련해준 책이기 때문입니다.

● ● 대답의 장·단점

• 장점 : 다양한 분야에 대해 독서를 하였다는 이미지를 불러일으킬 수 있다.

• 단점 : 프로이트를 싫어하는 사람이 종종 있기에 거부감을 불러일으킬 수 있다.

나의 답변

Q 질문 3 : **가장 감명 깊게 읽었던 책은?**

T 생각 :

____

____

____

____

____

____

A 대답 :

____

____

____

____

●● 대답의 장·단점

• 장점 :

• 단점 :

T 생각 : 가장 존경하는 사람은 부모님이다. 어린 시절에는 누군가가 존경하는 사람이 누구냐고 물으면, 잘 알지도 못하는 흔히 위인이라는 사람들의 이름을 대곤 했다. 이순신 장군, 세종대왕, 링컨 등등. 물론 그 사람들은 모두 정말 훌륭한 사람들이고 배울 점도 너무나도 많다. 하지만, 나를 지금까지 키워주신 부모님이야 말로 내가 존경해야 하는 분이다. 사실 아버지께서 술, 담배 안 끊으시고 계속하시는 모습을 존경할 수 없고, 어머니께서 아버지와 동생에게 잔소리하는 모습을 존경할 수는 없다. 때로는 내가 만약 평범한 가정이 아닌 부모님께서 많은 뒷바라지를 해주는 가정에서 태어났다면, 지금쯤 뭔가 대단한 사람이 되어 있을 것이라는 생각도 할 때가 있다. 하지만, 하라고 하면 하지 않고, 하지 말라고 하면 하던 내가 무엇을 해도 믿어주시고, 날 위해 항상 하나라도 더 주시려고 하는 부모님을 존경하지 않을 수 없다. 누구에게나 마찬가지인 것 같다. 부모님의 자식에 대한 사랑은 비록 그 표현의 방법이 적절치 못한 경우도 있고, 예외가 있을 수도 있지만, 그 무엇보다 큰 사랑이 아닐까 싶다. 또한 비록 부모님께서 원하셨던 모습이 되지는 않았지만, 지금의 내가 어긋나지 않고 적어도 현재의 모습을 가질 수 있게 된 것은 부모님의 존재 덕분이 아니었는가 싶다.

A 대답 : 가장 존경하는 사람은 부모님입니다. 하라고 하면 하지 않고, 하

지 말라고 하면 하던 제가 어긋나지 않고 적어도 현재의 모습을 가질 수 있게 방향을 잡게 해주신 부모님을 가장 존경합니다.

●● 대답의 장·단점

• 장점 : 기본이 되어 있는 사람이라는 인식을 심어줄 수 있다.
• 단점 : 너무 평범한, 성의없는 대답이라 여겨질 수 있다.

나의 답변

Q 질문 4 : 가장 존경하는 사람은 누구인가?

T 생각 :

A 대답 :

- -

- -

- -

- -

- -

●● 대답의 장·단점

• 장점 :

• 단점 :

Q 질문 5 : 취미는 무엇인가?

T 생각 : 어렸을 때 한동안 우표수집을 꽤 열심히 하였지만, 지금은 하지 않고, 책 읽는 것을 좋아해서 독서가 취미이긴 하지만, 취미가 독서라고 하면 너무 재미없는 인생을 사는 것 같은 이미지를 줄 것 같다. 자주 친구들과 만나서 당구를 치거나 스타크래프트를 하는데, 이를 취미라고 이야기 할 수는 없겠지. 뭐가 있을까? 그래, 취미는 운동이라고 하면 되겠네. 운동이란 운동은 다 좋아하고, 매일 동네 헬스장에서 운동하고 있으니, 운동이 취미이긴 하지. 학교 웨이트 트레이닝 동아리에 소속되어 가끔 같이 운동하기도

하는데, 샤워하고 옷 갈아입기가 귀찮아서 사실 학교에서 운동을 잘 하지는 않지만, 재미있는 대답을 위해서 동아리를 이용해야겠다.

A 대답 : 제 취미는 운동입니다. 근육을 사랑하는 사람들의 모임이라는 교내 웨이트 트레이닝 동아리에서 열심히 운동하여, 현재 이삼일의 철야작업에도 끄떡없는 강인한 체력을 가지고 있습니다.

●● 대답의 장 · 단점

• 장점 : 체력이 강하다는 것을 싫어하는 사람은 드물 것이다.

• 단점 : 무식하고 단순한 사람이라는 편견을 가지게 할 수 있을 것이다.

나의 답변

Q 질문 5 : 취미는 무엇인가?

T 생각 :

●● 대답의 장·단점

• 장점 :

• 단점 :

Q 질문 6 : 좌우명이 무엇인가?

T 생각 : '조문도석사가의(朝聞道夕死可矣), 진인사대천명(盡人事待天命), 같은 실수를 두 번 되풀이하지 않는다. 젊었을 때 고생은 사서도 한다, 젊었을 때 가능한 많은 실수를 경험해 보아야 한다, 후회 없는 삶을 살자. 이 정도가 내 좌우명이라고 할 수 있다. 그중 하나를 고른다면 '조문도석사가의' 인데, 이게 좌우명이라고 하면, 이상한 사람으로 여겨질 수도 있겠다. 그냥 무난

하게 '진인사대천명' 이라고 해야겠다.

A 대답 : 제 좌우명은 진인사대천명입니다. 항상 최선을 다하고 어떤 결과가 나오더라도 겸허히 받아들이는 태도가 제 삶의 태도입니다.

●● 대답의 장 · 단점

• 장점 : 항상 최선을 다한다는 성실한 태도는 긍정적이다.
• 단점 : 무난하고 평범한 대답이다.

나의 답변

Q 질문 6 : 좌우명이 무엇인가?

T 생각 :

A 대답 :

●● 대답의 장 · 단점

• 장점 :

• 단점 :

Q 질문 7 : 학창시절을 설명한다면?

T 생각 : 그냥 평범한 대학생활을 보냈다. 뭐 특별한 경험을 했나? 야학 교사를 했던 경험은 보람찬 경험이지. 근데 한 일 년 하다가 어학연수 가느라 그만 뒀지. 사례분석가를 한 것도 좋은 경험이었지만 실제로 분석한 사례는 몇 개 안 되지. 뭐가 있을까? 신문방송학, 경영학, 경제학 세 가지를 전공한 것은 어떨까? 사실 한 분야도 제대로 아는 건 아니지만, 일단 세 가지를 전

공했다는 것의 희소성은 있지 않을까? 하긴 하나를 전공한다고 그 분야에 대해서 잘 아는 건 아니니까, 대학생활은 세 가지를 전공했다는 걸로 밀고 나가야겠다. 재미있게 대답해야지.

A 대답 : 2002년, 대한민국 국민임을 자랑스럽게 여기게 한 월드컵은 제게 도 많은 것을 생각하게 하였습니다. 다양한 성공요인 중에서 제가 주목한 것은 명장 히딩크 감독이 키운 멀티 플레이어 박지성 선수였습니다. 그라운 드 어디에서나 주어진 역할을 해내는 박지성 선수를 보고 저도 영업전선 어 디에서나 주어진 역할을 해내는 멀티 플레이어가 되고자 다짐했습니다.

우선, 인간관계의 기본이 되는 인간 커뮤니케이션과 현대 사회에 엄청난 영 향을 미치고 있는 매스커뮤니케이션에 대해 알고자 신문방송학을 전공하였 습니다. 다음으로, 제가 일하게 될 기업과 기업관련 활동에 대해 알고자 경 영학을 전공하였습니다. 마지막으로, 오늘날의 다양한 국내외 사회현상과 국제관계는 경제적인 문제들을 중심으로 형성된 것에 주목하여 경제학을 전공하였습니다.

회사에서 추진 중인 어떤 프로젝트가 신문방송학적 지식, 경영학적 지식과 경제학적 지식이 모두 요구되는 경우 각각의 지식을 보유하고 있는 사람들 을 모두 고용하는 경우 많은 비용이 발생합니다. 하지만, 이러한 경우에 제 가 그 프로젝트를 담당하게 된다면 회사의 입장에서는 총비용을 감소시킬 수 있을 것입니다.

• 장점 : 전공이 세 개라는 것은 희소성이 있고, 성실하다는 이미지를 줄 수 있을 것이다.

• 단점 : 한우물을 파지 않았다는 점에서 끈기가 부족하다는 느낌을 줄 수 있을 것이다.

나의 답변

Q 질문 7 : 학창시절을 설명한다면?

T 생각 :

A 대답 :

Q 질문 8 : 특별한 경험은?

T 생각 : 재미있게 살았던 것 같기는 한데 막상 특별한 경험을 생각하려고 하니 이야깃거리가 없네. 다른 사람이 경험하지 않았으면서도 뭔가 많은 것을 느꼈던 경험이 뭐가 있었지? 맞다. 대리운전 경험에 대해서 이야기 하면 되겠구나. 대리운전 아르바이트를 하면서 정말 많은 것을 배우고 느꼈지. 이거 제대로 써먹을 수 있겠다.

2004년 여름방학 때 고등학교 때 친했던 친구와 나의 자취방에서 같이 지냈다. 친구가 방학을 이용하여 같이 아르바이트를 하자고 했는데, 친구가 하자고 하는 아르바이트가 별로 내키지 않았다. 그런데 어느 날, 친구가 대리운전 아르바이트를 하자고 하였다. 대리운전 아르바이트는 한 번쯤 해보고 싶었다. 면접 의상이 정장이었지만 정장은 없었기에 친구와 함께 근처

마트에서 만 원짜리 와이셔츠를 사서 입고 검정 면바지를 입고 면접을 하러 갔다. 운전 경력도 없고, 서울지리도 모르기에 사실 대리운전 회사에서 우리를 고용할까 걱정도 했었는데, 의외로 쉽게 고용이 되었다.

비록 아르바이트지만, 운전을 직업으로 하기 전에는 운전을 한다는 것이 힘든 일이란 것을 몰랐다. 하지만, 오랜 시간 동안 앉아서 운전을 한다는 것은 생각보다 피곤한 일이었다. 더구나 낮과 밤이 바뀐 생활을 하니까 몸이 망가지고 있다는 느낌이 들 정도였다. 또한 인생의 본보기가 되는 사람들을 많이 만날 수 있었다. 첫 출근을 하면서 앞으로 술 취한 망나니를 많이 볼 것이라고 생각하였다. 하지만, 막상 일을 하면서 만난 손님들은 생각 외로 신사였다. 손님들이 아들뻘인 나에게 당연히 반말을 할 것이라 생각하였는데, 90% 이상의 손님이 존댓말을 하였다.

A 대답 : 저는 상대방의 마음을 여는 능력이 있습니다. 이는 2003년 여름방학에 인생 경험을 하고자 한 대리운전 아르바이트에서 잘 드러납니다. 부산 출신으로서 서울 지리를 잘 모르는 핸디캡에도 불구하고, 회사 내 20여 명의 기사 중에서 항상 고객에게서 가장 많은 팁을 받았습니다. 또한 시작한 지 일주일도 되지 않은 시점에서 저를 지목하는 고객도 생겼습니다. 대리운전업계의 출혈경쟁으로 대부분의 기사들이 한 달에 10만 원의 팁도 받지 못하는 상황에서 저는 한 달 반 동안 200만 원의 팁을 받았습니다. 사장님을 비롯한 모든 사람들이 그 비결을 궁금해하였는데, 그 비결은 바로 고객의

이야기를 귀 기울여 들었다는 것입니다. 돈으로는 살 수 없는 값진 경험을 하기 위해 대리운전을 하면서 인생의 선배이신 다양한 고객들이 해주시는 말씀은 무엇보다 소중한 것이라 생각하여 값진 교훈으로 삼으려고 주의 깊게 듣는 태도가 고객들을 감동시켰던 것입니다. 고객들은 저의 태도에 감동하여 마음을 열고 지갑을 열어 저에게 많은 팁을 주었던 것입니다.

●● 대답의 장·단점

• 장점 : 일반적이지 않은 경험으로 호기심을 불러일으킬 수 있다.

• 단점 : 대리운전에 대한 좋지 않은 기억이 있는 사람에게 막연한 반감을 불러일으킬 수 있다.

나의 답변

Q 질문 8 : 특별한 경험은?

T 생각 :

A 대답 :

●● 대답의 장·단점

• 장점 :

• 단점 :

이런 식으로 여러 가지 질문에 대한 자신의 대답을 정리해보면, 자신이 구체적으로 알지 못했던 자신의 모습에 대해서 잘 알 수 있게 될 것이고, 자기소개서를 채우는 일도 그리 어렵지 않게 될 것이다. 기타 질문으로는 나의 꿈, 나의 장·단점, 존경하는 정치인 등이 있을 것이다.

: : 자기포장의 기술

앞에서 설명한 과정을 통해서 자신의 다양한 생각과 경험을 정리할 수 있었을 것이다. 이제는 이러한 다양한 생각과 경험을 매력적이게 포장하는 기술을 익혀야 할 차례이다.

대학시절, 자취를 하면서 라디오에 몇 번 사연을 보낸 적이 있는데, 사연을 보내면 당첨이 되어 선물을 받았던 기억이 있다. 그 사연은 사실 그다지 특별한 것이 아니었다. 이사를 하였다는 것과 어머니 생신을 축하드린다는 것이었다. 이러한 평범한 사연이 당첨이 되기 위해서는 그냥 사실만을 전달하는 것에 그쳐서는 안 되고 약간 포장하는 기술이 필요하다. 이야기에는 단순한 스토리를 넘어서는 감동이 있어야 하는 것이다.

부산에 계신 어머니 생신 때 아들이 서울에서 지내느라 함께하지 못해서 아들로서의 도리를 못하는 것 같아서 죄송하다는 사연으로 홍삼과 주방용품 세트 등을 받았고, 친구들과 자취방을 이사하고 자장면과 탕수육을 시켜 먹으면서 사나이의 진한 우정에 대해서 다시 한 번 생각하였다는 사연으로 돌침대까지 선물로 받았었다. 같은 이야기라도 어떤 식으로 이야기 하느냐에 따라서 감동이 달라질 수 있는 것이다.

난 구직활동에서 성공을 거두었다. 많은 사람들이 입사하고 싶어하는 여러 회사에서 수백 대 일 이상의 경쟁률에도 불구하고 최종 합격을 하고 내가 원하는 회사를 골라 입사하였다. 그렇게 할 수 있었던 결정적인 이유 중의 하나는 다른 지원자들보다 자기포장의 기술이 다소 나았기 때문이 아니었나 싶다. 즉, 비슷한 상품인데, 자기소개서를 아름답게 포장을 해서 나를 더 좋은 상품으로 보이게 한 것 같다. 이 책에 실린 여러 자기소개서를 보면 정말 특이하지 않은 경험을 적절한 포장을 거쳐서 나름 매력적인 경험으로 승화시킨 사례를 볼 수 있을 것이다. 이러한 사례가 당신의 자기소개서를 아름답게 포장하는 노하우를 터득하는 데 도움이 되기를 바란다.

:: 취업특강을 받기 전의 자기소개서

1. 자기소개

첫째, 저는 언제 어디서나 잘 적응하여 즐겁게 지낼 수 있는 사람입니다. 1999년도에 고향인 부산을 떠나 서울에서 학교를 다니고, 강원도에서 군 생활을 하고, 미국에서 어학연수를 하는 와중에 자취, 하숙, 기숙사 생활을 하는 등 여러 환경에서 살았지만, 항상 즐겁게 지냈었습니다. 둘째, 누구와도 잘 지낼 수 있는 사람입니다. 상대방의 성별과 연령을 불문하고, 어떤 성격을 가졌는가에도 상관없이 쉽게 친구가 됩니다. 이로 인해서 때로는 사이가 좋지 않은 두 사람을 화해시키는 전령의 역할을 담당하기도 합니다. 그리고 항상 새로운 만남을 즐기는 사람입니다. 셋째, 저는 지금 완벽하게 준비된 사람은 아니지만 제가 무엇을 위해 노력해야하는지를 아는 사람입니다. 기분 나쁘게 받아들일 수도 있는 다른 사람들의 충고를 감사히 여길 줄 아는 사람입니다. 그리고 이를 통해서 어제보다 나은 오늘의 제가 되기 위해 노력하는 사람입니다. 마지막으로 저는 믿을 수 있는 사람입니다. 어떤 일이라도 일단 맡게 되면 어떤 일이 있더라도 그 일을 마무리 짓는 책임감을 가진 성실한 사람입니다.

2. 성격상 장 · 단점(직무수행과 관련하여)

제 성격의 장점은 어떤 사람들과도 잘 어울린다는 것입니다. 일반적으로 사람들은 각자 좋아하는 유형과 싫어하는 유형의 사람들이 있는데 저의 경우는 상대방의 성별과 연령을 불문하고 잘 어울립니다. 오히려 일반 사람들이 쉽게 가까워지기 까다로운 성격의 사람들과 잘 어울립니다. 회사업무와 관련해서 거래처에 까다로운 성격의 사람이 있어서 일이 잘 해결되지 않을 경우, 제가 그 사람을 설득시키는 일을 잘 수행할 수 있을 것입니다.

제 성격의 단점은 너무 꼼꼼하다는 것입니다. 예를 들어 저는 사람들과 약속을 했을 때 항상 약속 시간보다 오 분 내지 십 분 정도 일찍 약속 장소에 도착합니다. 분명히 약속시간에 늦지 않을 것을 알고 있으면서도 약속 시간 보다 일찍 약속장소에 도착합니다. 이러한 꼼꼼한 성격이 실수를 미연에 방지하는 긍정적인 역할도 하겠지만, 불필요한 곳에 신경을 쓰는 부정적인 역할도 하는 것 같습니다.

3. 학교생활(동아리 혹은 학회활동 / 리더 경험 등)

첫째, 저는 대학에서 신문방송, 경영, 경제 세 가지를 함께 복수전공 하였습니다. 세 과목을 전공하게 된 가장 큰 이유는 다방면에 관심이 많기 때문입니다. 무언가 새로운 것을 배운다는 것에 대해서 기쁨을 느끼는 호기심을 가지고 있습니다. 둘째, 동아리 활동과 관련하여, 최근에는 자주 참석하지 못하나, '영화공동체' 라는 영화동아리와 '근사모(근육을 사랑하는 사람들의 모임)' 라는 운동동아리에서 활동을 하였습니다. 셋째, 학업과 동아리 활동 모두 저에게 중요하였지만, 무엇보다도 저에게 중요하였던 것은 동기와 선배와 함께 하였던 대학생활입니다. 그들과 함께 공부하며, 놀며 서로의 앞날에 대한 꿈을 나누며, 고민하는 과정을 통해서 현재 제가 있을 수 있었다고 생각합니다.

4. 지원동기

저는 앞으로 무역과 관련된 일을 하고 싶습니다. 신문방송을 전공하면서 배운 커뮤니케이션과 경영학을 전공하면서 배운 경영을 실생활에 응용하고 경제학을 전공하면서 배운 경제학의 기본원리를 모두 사용할 수 있는 무역과 관련된 일을 하고 싶습니다. 크게는 이를 통해서 천연자원이 부족하기에 자급자족이 되지 않기에 무역이 선택이 아닌 필수인 우리나라에 도움이 되는 역할을 하고 싶습니다.

5. 장래포부(10년 후 계획)

10년 후 저는 업계에서 최고로 인정받는 사람이 되고 싶습니다. 하지만 제 자신의 능력이 최고라고 인정받기보다는 최고의 능력을 지닌 사람들로 구성된 팀을 조율하는 팀장으로 인정받고 싶습니다. 지금과 같은 급변하는 환경에서 한 개인의 능력이 뛰어나다고 해도 모든 문제를 혼자서 해결할 수는 없을 것입니다. 저는 개인의 능력에 대한 적절한 파악으로 업무의 적절한 분담을 통해서 각 개인에게 책임과 권한을 양도해서 최고의 성과를 거두는 팀을 이끌고 싶습니다.

6. 좋아하거나 즐겨하는 활동(취미/특기/봉사활동/해외경험 등)

야학 교사와 대리운전과 같은 학생으로서 경험하기 쉽지 않은 다양한 사회경험을 직접 겪기 위해 노력하였습니다. 구로구 오류동의 오류애육원에서 원생들의 학업을 돕기 위한 야학 교사를 하면서 사회봉사에 대해서 알 수 있었고, 방학 중 대리운전 아르바이트를 하면서 우리 사회에 대해서 조금 더 많은 것을 알 수 있었습니다.

어렸을 때부터 운동을 좋아해서 현재까지 여러 운동을 즐겨하고 있습니다. 2004년 9월부터 2005년 6월까지 미국에서 어학연수를 했었습니다. 이때 외국인 친구들과 남달리 빨리 친해졌었는데, 이유는 운동을 좋아했기 때문입니다. 비록 의사소통이 원활히 이루어지지는 못하더라도 같이 땀을 흘리고 몸을 부대끼는 과정에서 쉽게 친해질 수 있었습니다. 운동을 너무나도 좋아하지만, 시간이 넉넉하지 못한 관계로 현재는 주로 웨이트 트레이닝을 하고 있습니다. 비록 프로 보디빌더의 몸을 가진 것은 아니지만, 다른 사람들에게 웨이트 트레이닝과 관련한 조언을 줄 정도의 지식은 갖추고 있습니다. 또한 여성을 위한 다이어트와 관련된 지식도 조언할 수 있을 정도로 갖추고 있습니다.

7. 기타(지원 회사의 과거 채용속보 및 입사지원서를 검색하여 위의 항목과 다른 목록이 있다면, 이를 찾아서 작성하시기 바랍니다)

기억에 남는 경험은?

아르바이트로 대리운전을 한 경험입니다. 저는 부산 출신이어서 서울에서 운전을 한 경험은 아주 없다시피 했는데, 2003년 여름에 방학을 이용하여 약 한 달 반 정도의 기간 동안 대리운전 아르바이트를 했습니다. 단순한 서빙이나, 과외가 아닌, 거친 인생을 경험하고 싶어서 하였던 것인데, 정말 만족스러운 경험이었습니다. 사나이 배짱 하나로 시작하였던 일이었는데, 무엇보다 가치 있었던 부분은 고객들에게서 인생 경험을 들을 수 있었다는 것입니다. 대부분의 고객이 어느 정도 사회적으로 성공하였다고 할 수 있는 위치의 분들이었는데, 그분들과 나누는 진솔한 대화들이 저에게 많은 것을 느끼게 한 좋은 경험이었습니다. 군 생활과 대리운전은 여태까지 제 인생에서 가장 기억에 남는 두 가지 경험입니다.

: : 취업특강을 받은 후의 자기소개서

1. 자기소개

200만 원의 팁을 받은 대리운전 기사

저는 상대방의 마음을 여는 능력이 있습니다. 이는 2003년 여름방학에 인생 경험을 하고자 한 대리운전 아르바이트에서 잘 드러납니다. 부산 출신으로서 서울 지리를 잘 모르는 핸디캡에도 불구하고, 회사 내 20여 명의 기사 중에서 항상 고객에게 가장 많은 팁을 받았습니다. 또한 시작한지 일주일도 되지 않은 시점에서 저를 지목하는 고객도 생겼습니다. 대리운전업계의 출혈경쟁으로 대부분의 기사들이 한 달에 10만 원의 팁도 받지 못하는 상황에서 저는 한 달 반 동안 200만 원의 팁을 받았습니다. 사장님을 비롯한 모든 사람들이 그 비결을 궁금해 하였는데, 그 비결은 바로 고객의 이야기를 귀 기울여 들었다는 것입니다. 돈으로는 살 수 없는 값진 경험을 하기위해 대리운전을 하면서 인생의 선배이신 다양한 고객들이 해주시는 말씀은 무엇보다 소중한 것이라 생각하여 값진 교훈으로 삼으려고 주의 깊게 듣는 태도가 고객들을 감동시켰던 것입니다. 고객들은 저의 태도에 감동하여 마음을 열고 지갑을 열어 저에게 많은 팁을 주었던 것입니다. 이러한 상대방의 마음을 여는 능력은 영업의 기본이라 생각합니다.

소주 5병의 주량과 이삼일의 철야작업

저는 강인한 체력과 정신력을 가지고 있습니다. 타고난 기초 체력과 꾸준한 운동으로 단련된 신체와 정신이 소주 5병을 마셔도 평상시와 크게 다르지 않은 모습을 유지하게 합니다. 그리고 이삼일은 잠을 자지 않고 철야작업을 하여도 평상시와 다르지 않게 생활이 가능합니다. 더구나 보통 사람에게는 무리라고 생각되는 그러한 일들을 오히려 즐기며 합니다. 회사에서 영업을 담당하면 업무상 술자리를 가질 수도 있고, 업무가 특정한 날에 편중될 경우도 있을 것입니다. 저는 강인한 체력과 정신력으로 그러한 시기에 더욱 회사에 도움이 될 것입니다.

2. 성격상 장·단점(직무수행과 관련하여)

항상 좋은 성과를 거두는 우리 팀

제 성격의 장점은 솔선수범을 바탕으로 책임감과 리더십이 강하다는 것입니다. 대학생활을 하면서 적게는 서너 명, 많게는 예닐곱 명 정도의 학생들이 한 팀을 이루어 작업을 하는 경우가 자주 있습니다. 대부분의 학생들은 책임감에 대한 부담으로 팀장을 하지 않으려는 경향이 있습니다. 하지만 저는 그러한 팀장의 지위를 마다하지 않고 받아들입니다. 그리고 제가 이끄는 팀이나 소속된 팀은 항상 좋은 성과를 거둡니다. 그 이유는 제가 책임감을 가지고 솔선수범하여 팀원들의 재능을 100퍼센트 발휘하도록 하기 때문입니다. 이렇게 팀원들의 업무에 대한 동기부여를 일으키는 저의 장점은 회사에서 팀원의 능력을 극대화시켜 어떤 일이든지 주어진 기한 내에 멋지게 완성할 수 있을 것입니다.

세상의 모든 일에 대한 관심

제 성격의 단점은 사소한 일에도 신경을 쓴다는 것입니다. 실연을 당한 친구의 이성문제부터 시작해서, 당구장 주인 형의 아기가 잘 크고 있는지에 이르기까지 세상의 모든 일에 관심을 가진다는 것입니다. 직무수행시 이러한 관심이 상대방에게는 불필요한 간섭으로 여겨질 수 있기에, 상대방이 세심한 배려라고 느끼게끔 하는 선을 지키려고 노력하고 있습니다.

3. 학교생활

축구선수 박지성과 같은 멀티 플레이어

2002년, 대한민국 국민임을 자랑스럽게 느낄 수 있도록 한 월드컵은 제게도 많은 것을 생각하게 하였습니다. 다양한 성공요인 중에서 제가 주목한 것은 명장 히딩크 감독이 키운 멀티 플레이어 박지성 선수였습니다. 그라운드 어디에서나 주어진 역할을 해내는 박지성 선수를 보고 저도 영업전선 어디에서나 주어진 역할을 해내는 멀티 플레이어가 되고자 다짐했습니다.

우선, 인간관계의 기본이 되는 인간 커뮤니케이션과 현대 사회에 엄청난 영향을 미치고 있는 매스커뮤니케이션에 대해 알고자 신문방송학을 전공하였습니다. 다음으로, 제가 일하게 될 기업과 기업 관련 활동에 대해 알고자 경영학을 전공하였습니다. 마지막으로, 오늘날의 다양한 국내외 사회현상과 국제관계는 경제적인 문제들을 중심으로 형성된 것에 주목하여 경제학을 전공하였습니다.

회사에서 추진 중인 어떤 프로젝트가 신문방송학적 지식, 경영학적 지식과 경제학적 지식이 모두 요구되는 경우 각각의 지식을 보유하고 있는 사람들을 모두 고용하는 경우 많은 비용이 발생합니다. 하지만, 이러한 경우에 제가 그 프로젝트를 담당하게 된다면 회사의 입장에서는 총비용을 감소시킬 수 있을 것입니다.

3년 경력의 사례분석가

저는 어떤 현상이라도 철저히 분석할 수 있는 분석력을 가지고 있습

니다. 이러한 예리한 시각은 2002년 12월부터 컨설팅 업체에 사례분석 가로 일하면서 가질 수 있었습니다. 3년 동안 꾸준히 여러 가지 사례에 대한 분석을 하고 보고서를 작성하는 과정을 통해서 비즈니스 전반에 대한 분석력을 가질 수 있었습니다. 입사 후 회사에서 영업환경을 분석하고 그에 따른 수요를 예측하고, 과거의 데이터를 분석하여 미래의 영업 전략을 수립하는 데 저의 이러한 분석력이 빛을 발휘할 것입니다.

4. 지원동기

상대방에게 이익이 되지 않는 거래는 결국에는 자신에게도 이익이 되지 않는다

저는 제품을 최고의 방법으로 소비자에게 전달하고 싶기에 그와 관련된 여러 방법들을 익혔습니다. 그다지 좋지 않은 제품이라도 영업수완을 발휘하여 다른 회사나 소비자에게 판매할 자신이 있으나 최고가 아닌 제품을 판매하고 싶지는 않습니다. 정직이라는 가훈 아래서 자란 저는 상대방에게 이익이 되지 않는 거래는 결국에는 자신에게도 이익이 되지 않는다는 명언을 좌우명으로 삼고 있습니다.

이러한 저의 좌우명은 '인재와 기술을 바탕으로 최고의 제품과 서비스를 창출하여 인류사회에 공헌한다' 라는 삼성전자의 경영이념과 일맥상통합니다. 최고의 제품과 서비스를 고객에게 전달한다면 이는 고객에

게도 이익이 되고 회사에게도 이익이 되고 나아가 인류사회에 공헌하기 때문입니다. 세계 제일의 품질을 자랑하는 삼성전자의 제품을 판매하는 영업을 하는 것은 저의 좌우명을 실천하는 삶을 사는 것이 될 것입니다. 삼성전자에서는 탁월한 영업수완을 가진 저를 통해서 새로운 영업 전략을 수립하게 되어 매출의 급증을 거둘 것입니다.

5. 장래포부(10년 후 계획)

최고의 능력을 지닌 사람들로 구성된 팀을 최고로 잘 조율하는 팀장

10년 후 저는 삼성전자 영업부문에서 최고로 인정받는 사람이 되고 싶습니다. 하지만 제 자신의 능력이 최고라고 인정받기보다는 최고의 능력을 지닌 사람들로 구성된 팀을 최고로 잘 조율하는 팀장으로 인정받고 싶습니다. 지금과 같은 급변하는 환경에서 한 개인의 능력이 뛰어나다고 해도 모든 문제를 혼자서 해결할 수는 없을 것입니다. 저는 개인의 능력에 대한 적절한 파악으로 업무의 적절한 분담을 통해서 각 개인에게 적절한 책임과 권한을 양도해서 최고의 성과를 거두는 팀을 이끌고 싶습니다. 10년 후 삼성전자가 명실상부한 세계 제일의 기업의 위치에 섰을 때, 그 위치에 서기까지 영업부문에서 커다란 공헌을 하는 영업팀을 이끄는 팀장으로 존재할 것입니다.

:: 취업특강을 받기 전 VS 받은 후의 자기소개서 비교 분석

취업특강을 받기 전과 받은 후의 자기소개서를 비교했을 때 가장 큰 차이점은 전의 자기소개서는 대충 보면 무슨 이야기를 하는지 잘 모르겠지만, 후의 자기소개서는 대충 봐도 무슨 이야기를 하는지 알 수 있다는 점이다. 특히 단락별로 제목을 붙이는 것은 눈에 들어오게 하는 데 큰 도움이 되는 것 같다.

남다른 삶을 살았던 소수의 사람들을 제외하고는 남들과 차별화된 무엇을 끄집어낸다는 것이 쉽지 않다. 내가 자기소개서를 작성하는 과정에서 가장 염두에 두었던 사실은 이 자기소개서를 통해서 읽는 사람에게 나에 대한 호기심을 불러 일으켜야 한다는 사실이었다. 적어도 면접관에게 이 자기소개서의 작성자를 한번 보고 싶다는 생각을 가지게 하고 싶었다.

자기소개서를 통해서 남들과 차별화된 무엇인가를 드러내야 한다. 면접관들은 고만고만한 자기소개서를 수백, 수천 건을 읽으면서 지원자를 추려낸다. 그들에게 강인한 인상을 남겨야 하는 것이다.

3장; GS홈쇼핑 MD 인턴

: : 모집공고

일주일간의 취업특강이 끝나자마자 GS홈쇼핑에서 인턴을 모집한다는 공고가 떴다. 입사지원서를 작성하면서 증명사진도 다시 찍었다. 정장을 착용하고 증명사진을 찍었지만, 썩 마음에 들지 않았다. 너무 평범한 것 같았다. 그래서 예전에 사용했던 붉은 스웨터를 입고 찍은 증명사진을 사용하였다. 취업특강에서의 주의사항 중 하나가 입사지원서의 사진은 반드시 정장을 착용하고 찍어야 한다는 것이었다. 하지만, 나는 남들과 다른 모습이 장점이 될 수 있을 것이라 생각했다.

: : 자기소개서

1. 자기소개

200만 원의 팁을 받은 대리운전 기사

저는 상대방의 마음을 여는 능력이 있습니다. 이는 2003년 여름방학에 인생 경험을 하고자 한 대리운전 아르바이트에서 잘 드러납니다. 부산 출신으로서 서울 지리를 잘 모르는 핸디캡에도 불구하고, 회사 내 20여 명의 기사 중에서 항상 고객에게서 가장 많은 팁을 받았습니다. 또한 시작한지 일주일도 되지 않은 시점에서 저를 지목하는 고객도 생겼습니다. 대리운전업계의 출혈경쟁으로 대부분의 기사들이 한 달에 10만 원의 팁도 받지 못하는 상황에서 저는 한 달 반 동안 200만 원의 팁을 받았습니다. 사장님을 비롯한 모든 사람들이 그 비결을 궁금해 하였는데, 그 비결은 바로 고객의 이야기를 귀 기울여 들었다는 것입니다. 돈으로는 살 수 없는 값진 경험을 하기 위해 대리운전을 하면서 인생의 선배인 다양한 고객들이 하는 말은 무엇보다 소중한 것이라 생각하여 값진 교훈으로 삼으려고 주의 깊게 듣는 태도가 고객들을 감동시켰던 것입니다. 고객들은 저의 태도에 감동하여 마음을 열고 지갑을 열어 저에게 많은 팁을 주었던 것입니다. 이러한 상대방의 마음을 여는 능력은 MD의 기본이라 생각합니다.

소주 5병의 주량과 이삼일의 철야작업

저는 강인한 체력과 정신력을 가지고 있습니다. 타고난 기초 체력과 꾸준한 운동으로 단련된 신체와 정신이 소주 5병을 마셔도 평상시와 크게 다르지 않은 모습을 유지하게 합니다. 그리고 이삼일은 잠을 자지 않고 철야작업을 하여도 평상시와 다르지 않게 생활이 가능합니다. 더구나 보통 사람에게는 무리라고 생각되는 그러한 일들을 오히려 즐기며 합니다. GS홈쇼핑에서 MD을 담당하면 업무상 술자리를 가질 수도 있고, 업무가 특정한 날에 편중될 경우도 있을 것입니다. 저는 강인한 체력과 정신력으로 그러한 시기에 더욱 GS홈쇼핑에 도움이 될 것입니다.

2. 성격상 장 · 단점(직무수행과 관련하여)

항상 좋은 성과를 거두는 우리 팀

제 성격의 장점은 솔선수범을 바탕으로 책임감과 리더십이 강하다는 것입니다. 대학생활을 하면서 적게는 서너 명, 많게는 예닐곱 명 정도의 학생들이 한 팀을 이루어 작업을 하는 경우가 자주 있습니다. 대부분의 학생들은 책임감에 대한 부담으로 팀장을 하지 않으려는 경향이 있습니다. 하지만 저는 그러한 팀장의 지위를 마다하지 않고 받아들입니다. 그리고 제가 이끄는 팀이나 소속된 팀은 항상 좋은 성과를 거둡니다. 그 이유는 제가 책임감을 가지고 솔선수범하여 팀원들의 재능을 100퍼센트 발휘하도록 하기 때문입니다. 이렇게 팀원들의 업무에 대한 동기부여를 일으키는 저의 장점은 GS홈쇼핑에서 팀원의 능력을 극대화시켜 어떤 일이든지 주어진 기한 내에 멋지게 완성할 수 있을 것입니다.

세상의 모든 일에 대한 관심

제 성격의 단점은 사소한 일에도 신경을 쓴다는 것입니다. 실연을 당한 친구의 이성문제부터 시작해서, 당구장 주인 형의 아기가 잘 크고 있는지에 이르기까지 세상의 모든 일에 관심을 가진다는 것입니다. 직무수행시 이러한 관심이 상대방에게는 불필요한 간섭으로 여겨질 수 있기에, 상대방이 세심한 배려라고 느끼게끔 하는 선을 지키려고 노력하고 있습니다.

3. 학교생활

축구선수 박지성과 같은 멀티 플레이어

2002년, 대한민국 국민임을 자랑스럽게 느낄 수 있도록 한 월드컵은 제게도 많은 것을 생각하게 하였습니다. 다양한 성공요인 중에서 제가 주목한 것은 명장 히딩크 감독이 키운 멀티 플레이어 박지성 선수였습니다. 그라운드 어디에서나 주어진 역할을 잘해내는 박지성 선수를 보고 저도 영업전선 어디에서나 주어진 역할을 해내는 멀티 플레이어가 되고자 다짐했습니다.

우선, 인간관계의 기본이 되는 인간 커뮤니케이션과 현대 사회에 엄청난 영향을 미치고 있는 매스커뮤니케이션에 대해 알고자 신문방송학을 전공하였습니다. 다음으로, 제가 일하게 될 기업과 기업 관련 활동에 대해 알고자 경영학을 전공하였습니다. 마지막으로, 오늘날의 다양한 국내외 사회현상과 국제관계는 경제적인 문제들을 중심으로 형성된 것에 주목하여 경제학을 전공하였습니다.

GS홈쇼핑에서 추진 중인 어떤 프로젝트가 신문방송학적 지식, 경영학적 지식과 경제학적 지식이 모두 요구되는 경우 각각의 지식을 보유하고 있는 사람들을 따로 고용하면 많은 비용이 발생합니다. 하지만, 이러한 경우에 제가 그 프로젝트를 담당하게 된다면 GS홈쇼핑의 입장에서는 총비용을 감소시킬 수 있을 것입니다.

3년 경력의 사례분석가

저는 어떤 현상이라도 철저히 분석할 수 있는 분석력을 가지고 있습니다. 이러한 예리한 시각은 2002년 12월부터 컨설팅 업체에 사례분석가로 일하면서 가질 수 있었습니다. 3년 동안 꾸준히 여러 가지 사례에 대한 분석을 하고 보고서를 작성하는 과정을 통해서 비즈니스 전반에 대한 분석력을 가질 수 있었습니다. 입사 후 GS홈쇼핑에서 영업환경을 분석하고 그에 따른 수요를 예측하고, 과거의 데이터를 분석하여 미래의 전략을 수립하는 데 저의 이러한 분석력이 빛을 발휘할 것입니다.

4. 지원동기

우선, MD는 제가 희망하는 직업입니다. 마케팅 환경, 시장 정보, 소비자 정보, 추세, 판매 실적 등을 분석하여 소비자가 만족하는 상품을 기획·선정하여 제조업체와 가격 및 판매 수량을 결정하여 판매하고, 사후 소비자 불만사항을 수렴하여 문제점을 개선하는 MD라는 직업은 다방면에 관심이 있고, 패기와 열정을 가진 준비된 멀티 플레이어인 저에게 가장 적합한 직업이라고 생각합니다.

둘째, 다른 홈쇼핑 업체를 제쳐 두고 왜 GS홈쇼핑이냐는 질문에 대한 답은 간단합니다. GS홈쇼핑이 최고이기 때문입니다. 저는 2001년 12월 군대를 제대한 후 2004년 6월까지 2년 6개월 동안 자취를 했습니다. 자취를 하면서 필요한 물건을 구입할 때 편리한 인터넷 홈쇼핑을 많이 이용하였습니다. 여러 홈쇼핑업체 중 최고라고 생각되어 주로 이용하였던 홈쇼핑이 바로 GS홈쇼핑이었습니다. 이번 기회를 통해서 저의 자취생활의 동반자였던 GS홈쇼핑에 도움이 되는 데에 공헌하고 싶고, 나아가 GS홈쇼핑과 함께 앞으로 저의 인생을 설계하고 싶습니다.

:: IT시험

GS홈쇼핑은 규정된 자기소개서 양식이 없었기에 취업특강을 받으면서 작성하였던 자기소개서를 거의 그대로 사용하였고, 지원동기 부분만 새로 작성하였다. 서류전형 발표가 있는 날, 물론 걱정이 되었지만 나름 자신도 있었다. 기쁘게도 합격을 하였다.

다음 과정은 필기 및 실기시험(엑셀, 파워포인트를 이용한 IT시험)이었다. IT시험은 기본적인 컴퓨터 활용 능력을 파악하기 위한 과정으로, 서류전형에 합격한 사람들은 IT시험 성적과는 무관하게 1차 면접까지는 응시하시게 된다는 공지가 있었지만, 걱정이 되었다. 파워포인트야 대학시절 발표자료를 만드느라 종종 사용하였지만, 엑셀을 사용해본 경험이 전무하였기 때문이다. 그날 바로 도서관에 가서 엑셀과 관련된 서적을 빌려서 보는데, 엑셀에 너무나 많은 기능이 있어서 놀랐다. 결국 많은 것을 알기보다는 차라리 기초가 되는 간단한 것만 배우자는 생각으로 엑셀 기초서적을 빌려서 기본적인 것을 연습하였다.

필기 및 실기시험 날, 시험장소에 모인 친구들을 보니 다들 똑똑해 보여서 다소 긴장을 하였다. 하지만 시험 문제의 난이도가 예상보다 낮아서 대부분의 문제를 풀었기에 걱정이 줄어들었다.

:: 면접

드디어 면접일. 면접 장소는 GS홈쇼핑 본사였다. 면접장에서 3명의

면접관과 5명의 지원자가 20~30분간 면접을 하였는데, 면접장에 들어
가서 자기소개를 마치는 순간 내가 합격했다는 것을 예상할 수 있었다.
다른 면접자와 차별화가 되었던 것이다. 그때 나의 자기소개는 다음과
같았다.

"안녕하십니까? 패기와 열정을 가진 준비된 멀티 플레이어 정병옥입
니다. 첫째, 저는 패기와 열정을 가지고 있습니다. 인생 경험을 위해서
대리운전과 같은 아르바이트를 하는 패기와 열정을 가지고 있습니다. 둘
째, 저는 준비된 체력이 있습니다. 근육을 사랑하는 사람들의 모임이라
는 교내 웨이트 트레이닝 동아리에서 꾸준히 운동하여 현재 지치지 않는
체력을 가지고 있습니다. 셋째, 저는 언제 어디서나 주어진 일을 완수할
수 있는 멀티 플레이어입니다. 대학에서 신문방송, 경영, 경제의 세 가지
를 전공하였고, 컨설팅 업체의 사례분석가와 야학 교사 등의 다양한 경
험을 통하여 언제 어디서나 주어진 일을 완수할 수 있는 능력을 키웠습
니다. 이상으로 자기소개를 마치겠습니다. 들어주셔서 감사합니다."

정말 패기 있는 목소리로 이와 같이 자기소개를 하였다. 자기소개를
하는 동안에는 모든 면접관에게 시선을 골고루 주면서 긴장되지만, 미소
를 지으며 자신 있게 이야기하였다. 그중 한 면접관이 대리운전을 했던
경험에 대해서 자세히 이야기해 보라고 말했다. 이미 자기소개서에 적혀

있는 이야기이지만, 다른 사람의 이야기를 듣는 것이 얼마나 중요한 것인지를 깨달았다는 사실을 중심으로 이야기하였다. 다른 지원자들이 경제학적 지식이나 다른 어려운 내용에 대해서 질문을 받을 때 나는 예전의 경험에 대한 질문을 받으니, 상대적으로 면접을 쉽게 볼 수 있었다.

많은 면접을 통해서 다른 지원자들의 자기소개를 여러 번 들었지만, 그 누구의 자기소개와 비교하더라도 나의 자기소개는 경쟁력이 있었다. 30초 내지 1분의 짧은 시간 동안에 면접관들에게 호감을 불러일으켰다. 뿐만 아니라 자기소개를 통해서 면접관들의 질문을 나의 희망대로 유도할 수 있었다. 가장 많이 들었던 질문 중 하나는 "대리운전 경험이 특이한데 그것을 통해서 무엇을 느꼈습니까?"라는 것이었다. 그에 대한 나의 답(물론 준비된 답이고 실제로 느낀 것이기도 하다)은 "대리운전을 통해서 듣는 다는 것이, 다시 말해 상대방이 하고 싶은 이야기를 하게 한다는 것이 얼마나 중요한 것인가를 느꼈습니다"였다.

면접장에 처음 들어가 하는 자기소개는 아주 중요하다. 자기소개를 하는 순간 당락이 결정된다고 해도 과언이 아니다. 따라서 흡입력 있는 자기소개. 나아가 질문을 유도하는 자기소개를 준비하여야 한다.

결국 GS홈쇼핑 인턴사원 모집 전형에 합격을 하였다. GS홈쇼핑 인턴 합격은 나에게 말 그대로 전화위복의 계기가 되었다. 홈쇼핑업계에서는 GS홈쇼핑이 현대홈쇼핑보다 앞서 있는 기업이기도 하였고, 인턴에 대한 처우도 훨씬 좋았기 때문이었다. 만약 내가 현대홈쇼핑 인턴 모집에서 합격을 했다면, 취업캠프를 가지 못해서 입사 지원에 대한 스킬도 갖추지 못했을 것이고, 근무기간이 겹쳤기에 GS홈쇼핑 인턴 모집에 지원하지도 못했을 것이다. 오히려 현대 홈쇼핑 인턴 모집에서 탈락한 것은 나에게 더욱 많은 것을 얻게 해주었다.

:: 입사 확정

한 달여의 인턴 생활이 끝나고, 입사를 결정짓는 면접의 날이 왔다. GS홈쇼핑은 특이하게 마지막 학기를 남겨둔 지원자들을 대상으로 인턴을 채용하고 인턴 과정이 끝나는 무렵 면접을 통해 최종 입사자를 결정하였다.

그간의 인턴 생활 동안 특출한 성과로 두각을 드러낸 것은 아니지만 면접에 대한 자신감은 있었기에 큰 걱정 없이 면접에 임하였다. 이때도 역시 첫 면접에서 했던 자기소개로 마무리하였다. 다른 질문은 받지 않았다. 질문을 받지 않았다는 것이 약간 걸리기도 했는데, 합격이었다. 이렇게 좋을 수가 있나! 마지막 학기를 남겨둔 시점에 취직이 되었다. 너무나 기뻤고, 이는 내가 구직활동을 즐길 수 있게 된 결정적인 계기가 되었다.

GS홈쇼핑의 채용 특성

GS홈쇼핑은 인턴사원 제도를 통해서만 신입채용이 진행된다. GS홈쇼핑의 신입사원으로 입사하고자 하는 사람은 상, 하반기 방학 기간 중에 진행되는 인턴사원 모집에 응시해야 한다. 4주간의 인턴 실습 후 면접을 통해서 입사 여부가 결정되는데, 인턴 중 80% 정도가 채용된다.

4장; 취업 준비 마무리

:: 스터디 그룹 활동

취업특강이 끝나고 특강을 같이 들었던 친구들과 스터디 그룹을 형성하여 주 2회 모임을 가지기로 하였다. 나는 GS홈쇼핑에서 인턴으로 근무하고 있었기 때문에 바로 스터디 그룹에 참가하지는 못하였고, 인턴 과정이 끝난 후 참가하였다. 스터디 그룹에서는 서로의 자기소개서를 검토하고 번갈아 가며 면접관과 지원자 역할을 맡아 모의 면접을 하는 등의 준비를 하였다. 인터넷 포털 사이트에 클럽도 만들어서 자료를 공유하고 서로의 의견을 나누었다.

솔직히 본격적으로 스터디 그룹에 참가할 때는 이미 입사가 결정된 터라 귀찮아서 하기 싫은 마음이 있었다. 하지만 스터디 그룹 멤버들에게 조금이나마 도움을 준다는 생각으로 참가를 하기로 했다. 결과적으로는 내가 얻은 게 더 많았다.

스터디를 해보니 도움이 되기도 하고, 재미있어서 인터넷 카페를 통해서 또 다른 스터디 그룹을 형성하였다. 처음의 스터디 그룹은 같은 학교 사람들로 구성하였고, 두 번째 스터디 그룹은 각기 다른 학교 사람들로 구성하였다. 스터디는 입사 준비에 정말 많은 도움이 되었다. 자기소개서를 다듬고 면접장에서 받게 되는 돌발 질문에 대비할 수 있는 능력도 키울 수 있었다. 또한 취업을 준비한다는 동일한 목적을 가지고 모인 친구들이라 서로 마음을 터놓고 이야기를 하며 구직 과정에서 쌓인 스트레스를 해소할 수 있다는 점이 많은 도움이 되었다.

: : 구체적인 스터디 그룹 활동 내용

일주일에 2번 모여 한두 시간 정도 취업에 대한 스터디를 하였다. 우선 인터넷 포털사이트에 클럽을 개설하여 자기소개서를 올린 후 다른 멤버들에게 평가를 받고자 했다. 사실 자신의 자기소개서를 친구들에게 보여준다는 것이 다소 부끄럽고 껄끄러워 마음이 편하지는 않지만, 다른 사람의 시각에서 자신의 자기소개서를 평가받을 수 있는 기회이기에 많은 도움이 된다.

무엇보다도 큰 도움이 되었던 활동은 면접 연습이었다. 면접관과 지원자의 일대일 면접이나 삼 대 삼 면접 등 다양한 방식의 면접을 통해서 면접에 대한 두려움을 없앨 수 있었다. 때로는 다른 멤버들의 어이없는 질문에 화가 나기도 했지만, 다양한 상황에서의 대처능력을 키울 수 있

었다. 본인 스스로의 면접 연습도 도움이 많이 되었지만, 면접관의 입장
도 경험할 수 있는 기회가 되기도 했다. 또한 다른 멤버들의 장점은 배우
고, 단점은 고쳐나갈 수 있기에 더욱 많은 것을 배울 수 있었다.

또한, 집단토론, 영어면접, 프레젠테이션 면접 등 다양한 면접을 실제
면접과 흡사하게 준비하여 연습을 하였고, 실제 회사에서 면접을 경험하
고 나서는 면접수기를 공유하였다. 취업공고나 취업 관련 자료가 있으면
공유를 하였고, 스터디가 끝나면 간단히 식사를 하거나 맥주를 한 잔 하
면서 잡다한 이야기를 하곤 했다.

:: 새로운 학기의 시작

GS홈쇼핑에서의 MD는 내가 하고 싶었던 일이었다. 하지만 이런 생
각도 들었다. '과연 나는 이 땅에 어떤 회사가 있고 어떤 직업이 있고 또
각각의 직업이 어떤 일은 하는지도 모르는 상황에서 직업 선택을 한 것
은 아닐까?' 답은 잘 모르는 상황에서 결정하였다는 것이었다. 아는 아
주 작은 정보를 토대로 나의 인생을 좌우하는 결정을 한 것 같았다.

그래서 처음부터 다시 시작하기로 하고 다른 친구들처럼 똑같이 구
직활동을 하기로 하였다. 그래서 대학에서는 12학점만 수강신청을 하였
다. 영어회화 관련 6학점, 골프, 테니스, 댄스, 각각 1학점, 경영학 3학

점. 다행히 7학기까지 졸업 필수 학점은 거의 다 이수하였기에 마지막 학기는 부담없이 수강신청을 할 수가 있었다.

한 회사에 입사지원을 하면 '입사지원서 작성 → 인적성 검사 → 1차 면접 → 2차 면접 → 3차 면접 → 신체검사' 등의 과정을 거친다. 여러 회사에 지원을 하면 이러한 과정이 되풀이되는데, 우리가 여기에 투자해야 하는 시간은 생각보다 많다. 면접을 한 번 보면 왔다갔다하는 시간을 고려하면 반나절이 소요된다. 이러한 점을 고려했을 때, 불가피한 상황이 아니라면, 마지막 학기에는 수강신청을 여유 있게 할 필요가 있다.

Bible 2 ;

여유로운
취업 실전기

5장; 삼성상사, LG전자

:: 삼성상사 제일모직 패션 MD 자기소개서

새로운 학기가 시작되고 한 달쯤 지나니 가장 먼저 삼성그룹의 공채 공고가 떴다. 삼성은 그룹 공채로 모든 삼성계열사 중 단 한 곳만 지원을 할 수가 있다. 난 MD 직무가 있는 제일모직으로 입사지원을 하였다. 기존에 작성했던 입사지원서를 약간 수정하여 제출하였는데, 당시의 자기소개서는 다음과 같다.

1. 자기소개

200만 원의 팁을 받은 대리운전 기사

저는 상대방의 마음을 여는 능력이 있습니다. 이는 2003년 여름방학에 인생 경험을 하고자 한 대리운전 아르바이트에서 잘 드러납니다. 부산 출신으로서 서울 지리를 잘 모르는 핸디캡에도 불구하고, 회사 내 20여 명의 기사 중에서 항상 고객에게서 가장 많은 팁을 받았습니다. 대리운전업계의 출혈경쟁으로 대부분의 기사들이 한 달에 10만 원의 팁도 받지 못하는 상황에서 저는 한 달 반 동안 200만 원의 팁을 받았습니다. 그 비결은 바로 고객의 이야기를 귀 기울여 들었다는 것입니다. 돈으로는 살 수 없는 값진 경험을 하기 위해 대리운전을 하면서 무엇보다 인생의 선배인 다양한 고객들이 하는 말은 소중한 것이라 생각하여 값진 교훈으로 삼으려고 주의 깊게 들었는데, 그러한 태도가 고객들을 감동시켰던 것입니다. 이러한 상대방의 마음을 여는 능력은 MD의 기본이라 생각합니다.

2. 장점

항상 좋은 성과를 거두는 우리 팀

저의 장점은 솔선수범을 바탕으로 책임감과 리더십이 강하다는 것입니다. 제가 이끄는 팀이나 소속된 팀은 항상 좋은 성과를 거둡니다. 그 이유는 제가 책임감을 가지고 솔선수범하여 팀원들이 재능을 100퍼센트 발휘하도록 하기 때문입니다. 팀원들에게 동기부여를 일으켜주는 저의 장점은 제일모직에서 팀원의 능력을 극대화시켜 어떤 일이든지 기한 내에 멋지게 완수하게 할 것입니다.

3. 보완점

세상의 모든 일에 대한 관심

저의 단점은 세상의 모든 일에 관심을 가진다는 것입니다. 실연을 당한 친구의 이성문제부터 시작해서, 당구장 주인 형의 아기가 잘 크고 있는지에 이르기까지 주위의 모든 일에 관심을 가진다는 것입니다. 직무수행시 상대방에 대한 이러한 관심은 불필요한 간섭으로 여겨질 수도 있기에, 저의 관심이 상대방에 대한 세심한 배려라고 느끼게끔 하는 선을 지키려고 노력하고 있습니다.

4. 지원동기 및 포부

가슴속에 타오르는 패션에 대한 열정

제 가슴속에는 패션에 대한 열정이 타오르고 있습니다. 또한 MD라는 직업은 다방면에 관심이 있고, 패기와 열정을 가진 준비된 멀티 플레이어인 저에게 가장 적합한 직업이라고 생각합니다.

빈폴 마니아

다른 패션업체를 제쳐 두고 왜 제일모직이냐는 질문에 대한 답은 간단합니다. 제일모직이 최고이기 때문입니다. 저는 청소년 시절부터 빈폴 브랜드를 좋아해서 애용하였습니다. 졸업시즌을 맞이하여 장만한 정장도 엠비오 브랜드입니다. 제일모직에 대한 저의 사랑은 순간적인 관심이 아닌, 제 삶과 연계된 지속적인 관심이었습니다.

최고의 능력을 지닌 사람들로 구성된 팀을 최고로 잘 조율하는 팀장

　10년 후 저는 패션 MD부문에서 최고로 인정받는 사람이 되고 싶습니다. 하지만 제 자신의 능력이 최고라고 인정받기보다는 최고의 능력을 지닌 사람들로 구성된 팀을 최고로 잘 조율하는 팀장으로 인정받고 싶습니다. 저는 10년 후 제일모직이 명실상부 세계 제일의 기업이 되었을 때, 그 위치에 서기까지 패션 MD부문에서 커다란 공헌을 하는 팀을 이끄는 팀장으로 존재할 것입니다.

∷ LG전자 해외영업 자기소개서

　LG전자의 자기소개는 개인적으로 가장 작성하기 어려웠다. 특히, 본인이 이룬 가장 큰 성취나 실패는 딱히 큰 성취나 실패가 없었기에 주제를 정하기가 너무 어려웠다. 하지만 이를 작성하는 과정에서 나의 과거에 대해서 많은 생각을 할 수 있었기에 많은 도움이 되었다. 뿐만 아니라 이때 작성한 자기소개서가 다른 회사에 입사 지원을 할 때 아주 유용하게 사용되었다.

1. 자신이 가진 열정에 대하여(한글 1,000자까지 가능)

200만 원의 팁을 받은 대리운전 기사

저는 상대방의 마음을 여는 능력이 있습니다. 이는 2003년 여름방학에 인생 경험을 하고자 한 대리운전 아르바이트에서 잘 드러납니다. 부산 출신으로서 서울 지리를 잘 모르는 핸디캡에도 불구하고, 회사 내 20여 명의 기사 중에서 항상 고객에게서 가장 많은 팁을 받았습니다. 또한 시작한지 일주일도 되지 않은 시점에서 저를 지목하는 고객도 생겼습니다. 대리운전업계의 출혈경쟁으로 대부분의 기사들이 한 달에 10만 원의 팁도 받지 못하는 상황에서 저는 한 달 반 동안 200만 원의 팁을 받았습니다. 사장님을 비롯한 모든 사람들이 그 비결을 궁금해하였는데, 그 비결은 바로 고객의 이야기를 귀 기울여 들었다는 것입니다. 돈으로는 살 수 없는 값진 경험을 하기 위해 대리운전을 하면서 무엇보다 인생의 선배인 다양한 고객의 말은 소중한 것이라 생각하여 값진 교훈으로 삼으려고 주의 깊게 들었는데, 그러한 태도가 고객들을 감동시켰던 것입니다. 고객들은 저의 태도에 감동하여 마음을 열고 지갑을 열어 저에게 많은 팁을 주었던 것입니다. 상대방의 마음을 여는 능력은 국내외를 막론한 영업의 기본이라 생각합니다.

저는 강인한 체력과 정신력을 가지고 있습니다. 타고난 기초 체력과 꾸준한 운동으로 단련된 신체와 정신이 소주 5병을 마셔도 평상시와 크게 다르지 않은 모습을 유지하게 합니다. 그리고 이삼일은 잠을 자지 않고 철야작업을 하여도 평상시와 다르지 않게 생활이 가능합니다. 더구나 보통 사람에게는 무리라고 생각되는 그러한 일들을 오히려 즐기며 합니다. 회사에서 해외영업을 담당하면 업무상 술자리를 가질 수도 있고, 업무가 특정한 날에 편중될 경우도 있을 것입니다. 저는 강인한 체력과 정신력으로 그러한 시기에 더욱 LG전자에 도움이 될 것입니다.

2. 본인이 이룬 가장 큰 성취에 대하여(한글 1,000자까지 가능)

저는 2004년 9월부터 2005년 6월까지 9개월간 미국 샌프란시스코에서 어학연수를 하였습니다. 밀스 칼리지(Mills College)의 기숙사에서 생활하며 프랑스, 베네수엘라, 타이완 등 19개국의 친구들과 함께 영어 실력 향상을 위해서 노력했습니다. 제가 국가대표팀의 선수로 미국에 간 것은 아니지만, 미국에서 세계 각국의 사람들에게 한국을 대표한다는 마음가짐으로 성실함과 리더십 등 여러 면에서 모범적인 모습을 보이고자 노력했습니다.

9개월의 기간 동안 밀스 칼리지(Mills College)에서 다른 곳으로 여행을 떠난 4주간의 기간을 제외하고는 매일 아침 6시에 일어나서 40분가량 조깅을 하고 샤워 후 1시간 동안 책을 읽고 아침식사를 하였습니다. 매주 금요일 저녁에 파티를 즐기느라 새벽 2시가 넘어서 자도, 매일 아침 6시면 조깅을 하였습니다.

영어 공부도 중요하였지만, 저에게는 세계 각국의 친구들과 친해지는 것도 중요하였기에, 수업이 끝나면 친구들과 수영, 축구, 탁구, 농구, 웨이트 트레이닝 등의 각종 스포츠를 즐겼습니다. 샌프란시스코의 다양함을 직접 체험하기 위해서 친구들과 샌프란시스코의 거리를 누비며 돌아다니기도 했습니다.

이러한 생활로 세계 19개국의 친구들에게 '온갖 행사를 주도하여 즐기면서도 가장 먼저 아침을 여는 멋진 녀석' 이라고 인정을 받았습니다. 일회성이 아닌 장기간의 멋진 생활로 여러 나라의 친구들에게서의 인정을 받음으로써 한국인이 멋지다는 이미지를 그들의 마음속에 새겼다는 점에서 큰 성취감을 느꼈습니다.

3. 본인의 가장 큰 실패 경험에 대하여(한글 1,000자까지 가능)

수차례의 금연 실패

저는 의지가 강하다는 것에 자부심을 느끼고 살았습니다. 하지만 수

차례의 금연 시도가 실패로 돌아갔을 때, 저는 제 의지의 나약함에 부끄러움을 느꼈습니다. 청소년 시절에 또래 친구들과 어울리며 호기심 차원에서 한두 번 피던 담배가 군 입대 후에는 하루에 한 갑 정도는 꼭 피는 필수품으로 변했습니다. 특히 화장실에서 용변을 볼 때 담배를 피우는 습관을 가져서 담배가 없이는 제대로 용변을 보지 못하였습니다.

대부분의 성인 남성들이 흡연을 하기에, 특히 주위에 있는 대부분의 친구들이 흡연을 하기에 흡연을 당연한 것으로 여기고 금연은 시도조차 하지 않았습니다. 그러면서도 마음만 먹으면 언제든지 담배를 끊을 수 있다고 생각했습니다.

2003년 겨울 어느 날 아침에 눈을 떠 화장실에서 용변을 보려고 하는데, 담배가 없었습니다. 담배 없이 용변을 보려고 시도했으나, 제대로 용변을 볼 수가 없었습니다. 용변을 중간에 마무리하고 근처의 편의점으로 가서 담배를 사왔습니다. 담배를 한 대 물고서야 제대로 용변을 볼 수 있었습니다.

이 사건으로 인해서 저는 한 가지 사실을 깨달았습니다. 예전에는 제 의지로 담배를 피운다고 생각했었는데, 객관적으로 생각해보니 담배에 중독이 되어서 제 의지와는 무관하게 주기적으로 담배를 피워야만 했던 것입니다. 이를 느낀 후 1년 동안 수차례에 걸쳐서 금연을 시도하였습니다. 가위로 담배를 잘라서 버리기도 하고, 금연초를 피워보기도 하였지만, 결국 금연에는 성공하지 못했습니다.

수차례의 실패를 경험하고 나서야 하루에 피는 담배의 양을 차츰 줄이고, 물을 많이 마시는 등 생활 습관을 조절해서 결국에는 2005년 1월 1일부로 담배를 끊었습니다. 결국 성공하기는 했지만, 수차례의 금연 실패는 저에게 쉽게 생각하던 일이라도 어려울 수도 있다는 사실을 깨닫게 해주었습니다.

4. 본인의 역량에 관하여(Global 감각/지원 분야 관련 전문지식, 한글 1,000자까지 가능)

축구선수 박지성과 같은 멀티 플레이어

2002년, 대한민국 국민임을 자랑스럽게 느낄 수 있도록 한 월드컵은 제게도 많은 것을 생각하게 하였습니다. 다양한 성공요인 중에서 제가 주목한 것은 명장 히딩크 감독이 키운 멀티 플레이어 박지성 선수였습니다. 그라운드 어디에서나 주어진 역할을 해내는 박지성 선수를 보고 저도 영업전선 어디에서나 주어진 역할을 해내는 멀티 플레이어가 되고자 다짐했습니다.

우선 인간관계의 기본이 되는 인간 커뮤니케이션과 현대 사회에 엄청난 영향을 미치고 있는 매스커뮤니케이션에 대해 알고자 신문방송학을 전공하였습니다. 다음으로, 제가 일하게 될 기업과 기업 관련 활동에 대해 알고자 경영학을 전공하였습니다. 마지막으로, 오늘날의 다양한 국내외 사회현상과 국제관계는 경제적인 문제들을 중심으로 형성된 것에 주목하여 경제학을 전공하였습니다.

회사에서 추진 중인 어떤 프로젝트가 신문방송학적 지식, 경영학적 지식과 경제학적 지식이 모두 요구되는 경우 각각의 지식을 보유하고 있는 사람들을 따로 고용하면 많은 비용이 발생합니다. 하지만 이러한 경우에 제가 그 프로젝트를 담당하게 된다면 회사의 입장에서는 총비용을 감소시킬 수 있을 것입니다.

2년 경력의 사례분석가

저는 어떤 현상이라도 철저히 분석할 수 있는 분석력을 가지고 있습니다. 이러한 예리한 시각은 2003년 9월부터 컨설팅 업체에 사례분석가로 일하면서 가질 수 있었습니다. 2년 이상 꾸준히 여러 가지 사례에 대한 분석을 하고 보고서를 작성하는 과정을 통해서 비즈니스 전반에 대한 분석력을 키울 수 있었습니다. 입사 후 회사에서 해외영업 환경을 분석하고 그에 따른 수요를 예측하고, 과거의 데이터를 분석하여 미래의 해외영업 전략을 수립하는 데 저의 이러한 분석력이 빛을 발휘할 것입니다.

5. 본인의 성격에 관하여(본인의 약점/강점에 대하여, 한글 1,000자까지 가능)

항상 좋은 성과를 거두는 우리 팀

제 성격의 장점은 솔선수범을 바탕으로 한 책임감과 리더십이 강하다는 것입니다. 대학생활을 하면서 적게는 서너 명, 많게는 예닐곱 명 정도의 학생들이 한 팀을 이루어 작업을 하는 경우가 자주 있습니다. 대부분의 학생들은 책임감에 대한 부담으로 팀장을 하지 않으려는 경향이 있습니다. 하지만 저는 그러한 팀장의 지위를 마다하지 않고 받아들입니다. 그리고 제가 이끄는 팀이나 소속된 팀은 항상 좋은 성과를 거둡니다. 그 이유는 제가 책임감을 가지고 솔선수범하여 팀원들이 재능을 100퍼센트 발휘하도록 하기 때문입니다. 이렇게 팀원들의 업무에 대한 동기부여를 일으키는 저의 장점은 회사에서 팀원의 능력을 극대화시켜 어떤 일이든지 주어진 기한 내에 멋지게 완성할 수 있을 것입니다.

세상의 모든 일에 대한 관심

제 성격의 단점은 사소한 일에도 신경을 쓴다는 것입니다. 실연을 당한 친구의 이성문제부터 시작해서, 당구장 주인 형의 아기가 잘 크고 있는지에 이르기까지 세상의 모든 일에 관심을 가진다는 것입니다. 직무수행시 이러한 관심은 상대방에게 불필요한 간섭으로 여겨질 수 있기에, 저는 상대방이 세심한 배려라고 느끼게끔 하는 선을 지키려고 노력하고 있습니다.

6. 본인의 10년 후 계획에 대하여(한글 1,000자까지 가능)

최고의 능력을 지닌 사람들로 구성된 팀을 최고로 잘 조율하는 팀장

10년 후 저는 LG전자 해외영업 마케팅부문에서 최고로 인정받는 사람이 되고 싶습니다. 하지만 제 자신의 능력이 최고라고 인정받기보다는 최고의 능력을 지닌 사람들로 구성된 팀을 최고로 잘 조율하는 팀장으로 인정받고 싶습니다. 지금과 같은 급변하는 환경에서 한 개인의 능력이 뛰어나다고 해도 모든 문제를 혼자서 해결할 수는 없을 것입니다. 저는 개인의 능력에 대한 적절한 파악으로 업무의 적절한 분담을 통해서 각 개인에게 적절한 책임과 권한을 양도해서 최고의 성과를 거두는 팀을 이끌고 싶습니다. 10년 후 LG전자가 명실상부한 세계 제일의 기업의 위치에 섰을 때, 그 위치에 서기까지 해외영업 부문에서 커다란 공헌을 하는 해외영업팀을 이끄는 팀장으로 존재할 것입니다.

∷ 삼성, LG 인적성 검사 VS GS홈쇼핑 입사

삼성과 LG전자의 입사 전형 중 서류 심사는 통과하였다. 서류 심사 후에는 인적성 검사가 있었다. 삼성과 LG전자 인적성 검사가 있는 날, 의외의 복병이 나타났다. GS홈쇼핑에서 삼성과 LG전자 인적성 검사가 있는 날 1박 2일로 연수를 가는 일정을 잡은 것이다. 그리고 일정에 참여하지 않는 사람은 입사결정을 취소한다고 하였다. 인턴 과정 후 입사결정을 할 때 미리 공지는 되어 있었지만, 설마 정말 타 회사 입사 전형일에 연수 일정을 잡을 것이라고는 생각지 않았기에 당황스러웠다.

고민을 하였다. 이미 잡은 물고기인가, 잡을 수 있는 물고기인가? 제일모직, LG전자, GS홈쇼핑 중 어떤 곳에 입사를 하느냐를 떠나서, 많은 사람들이 이야기하는 삼성의 SSAT, LG전자의 RPST를 경험해보고 싶었다. 하지만 나는 불확실한 미래보다 이미 잡은 물고기를 선택하였다. 그리고 연수를 다녀왔지만, 재미있게 잘 놀았지만, 마음 한 구석은 여전히 찝찝하였다.

제일모직이나, LG전자를 가지 못했다는 사실이 아쉬워서가 아니라, 이미 잡은 물고기가 아까워 새로운 도전을 두려워하였던 나 자신에게 실망을 하였다. 나의 좌우명은 '후회없는 삶을 살자' 이다. 하지만 새로운 도전을 겁냈던 이 결정이 두고두고 후회가 될 것 같았다. 그래서 다짐했다.

'이런 선택의 순간이 다시 온다면 두 번 다시 같은 결정을 되풀이 하지는 않을 것이다.'

Tip;

흔히 제일모직이 의류기업이라고 생각하는데, 사실 현재는 합성수지사업과 전자재료사업 부문의 매출 비중이 더욱 크다. 합성수지사업 부문을 케미컬 부문이라 하는데, TV용 수지, 모니터용 수지, OA용 수지, 냉장고용 수지, 자동차용 수지, 휴대폰용 수지, 노트북용 수지, 인조대리석 등 다양한 제품을 생산한다. 전자재료 부문은 EMC, CMP Slurry와 같은 반도체 소재, 확산판, CR, ACF와 같은 디스플레이 소재, PASTE와 같은 기능성 소재가 주요 제품이다. 패션 부문은 브랜드로 설명할 수 있는데, 대표적인 브랜드는 빈폴이다. 남성복 브랜드는 갤럭시, 로가디스, 엠비오, 지방시, 빨질레리가 있고, 캐주얼 브랜드는 후부가 있으며, 여성복 브랜드로는 구호(KUHO), 띠어리(theory), 디(THEE)가 있다. 이세이미야케와 같은 해외 브랜드의 국내 판매도 관리한다.

Tip;

LG전자의 사업부문은 크게 5가지로 나눌 수 있는데, 대표적인 상품은 다음과 같다.

1. 홈 엔터테인먼트
엑스켄버스 LCD TV, PDP TV, 오디오, 비디오, 옵티컬 스토리지

2. 모바일 커뮤니케이션즈
프랭클린 플래너폰, 프라다폰, 르누아르폰, 쿠키폰, 시크릿폰

3. 홈 어플라이언스
트롬 세탁기, 디오스 냉장고, 디오스 조리기기, 사이킹 청소기, 디오스 시스템 주방기기, 헬스케어 가전

4. 에어컨디셔닝
휘센 에어컨, 멀티 브이 공조 시스템, HomNet 홈 네트워크 솔루션

5. 비즈니스 솔루션
플래트론 모니터, 커머셜 디스플레이, 카 인포테인먼트, 시큐리티

6장; CJ식품 영업

: : 자기소개서

　CJ도 삼성과 마찬가지로 계열사 중 한 군데만 지원을 할 수가 있었다. 어떤 회사에 지원할 지 망설이다가 CJ에 근무하는 선배의 조언을 받아들여 식품 영업사원으로 입사지원을 하였다. 보통 입사지원서를 작성할 때 기존에 작성하였던 내용을 복사하여 사용하였는데, 마지막 항목은 특이하여 CJ그룹의 인재상 항목에 나의 해당 경험을 접목시켜 작성하였다.

1. 지원하신 직무를 본인이 잘 수행할 수 있다고 생각하는 이유를 구체적으로 기술해 주세요(한글 800자까지 가능).

200만 원의 팁을 받은 대리운전 기사

　저는 상대방의 마음을 여는 능력이 있습니다. 이는 2003년 여름방학에 인생 경험을 하고자 한 대리운전 아르바이트에서 잘 드러납니다. 부산 출신으로서 서울 지리를 잘 모르는 핸디캡에도 불구하고, 회사 내

20여 명의 기사 중에서 항상 고객에게서 가장 많은 팁을 받았습니다. 대리운전업계의 출혈경쟁으로 대부분의 기사들이 한 달에 10만 원의 팁도 받지 못하는 상황에서 저는 한 달 반 동안 200만 원의 팁을 받았습니다. 그 비결은 바로 고객의 이야기를 귀 기울여 들었다는 것입니다. 돈으로는 살 수 없는 값진 경험을 하기 위해 대리운전을 하면서 인생의 선배인 다양한 고객이 하는 말은 무엇보다 소중한 것이라 생각하여 값진 교훈으로 삼으려고 주의 깊게 들었는데, 그러한 태도가 고객들을 감동시켰던 것입니다. 이러한 상대방의 마음을 여는 능력은 영업사원의 기본이라 생각합니다.

소주 5병의 주량과 이삼일의 철야작업

저는 강인한 체력과 정신력을 가지고 있습니다. 타고난 기초 체력과 꾸준한 운동으로 단련된 신체와 정신이 소주 5병을 마셔도 평상시와 크게 다르지 않은 모습을 유지하게 합니다. 그리고 이삼일은 잠을 자지 않고 철야작업을 하여도 평상시와 다르지 않게 생활이 가능합니다. 더구나 보통 사람에게는 무리라고 생각되는 그러한 일들을 오히려 즐기며 합니다. CJ주식회사에서 식품영업을 담당하면 업무상 술자리를 가질 수도 있고, 업무가 특정한 날에 편중될 경우도 있을 것입니다. 저는 강인한 체력과 정신력으로 그러한 시기에 더욱 CJ주식회사에 도움이 될 것입니다.

축구선수 박지성과 같은 멀티 플레이어

2002년, 대한민국 국민임을 자랑스럽게 느낄 수 있도록 한 월드컵은 제게도 많은 것을 생각하게 하였습니다. 다양한 성공요인 중에서 제가 주목한 것은 명장 히딩크 감독이 키운 멀티 플레이어 박지성 선수였습니다. 그라운드 어디에서나 주어진 역할을 해내는 박지성 선수를 보고 저도 영업전선 어디에서나 주어진 역할을 해내는 멀티 플레이어가 되고자 다짐했습니다.

이를 위해서 세 가지 학문을 전공하였습니다. 우선, 인간관계의 기본이 되는 인간 커뮤니케이션과 현대 사회에 엄청난 영향을 미치고 있는 매스커뮤니케이션에 대해 알고자 신문방송학을 전공하였습니다. 다음으로, 제가 일하게 될 기업과 기업 관련 활동에 대해 알고자 경영학을 전공하였습니다. 마지막으로, 오늘날의 다양한 국내외 사회현상과 국제관계는 경제적인 문제들을 중심으로 형성된 것에 주목하여 경제학을 전공하였습니다.

뿐만 아니라, 컨설팅 회사에서의 사례분석가, 애육원에서의 야학 교사, 대리운전기사, 사법고시 시험감독 보조요원 등의 다양한 경험을 통하여 언제 어디서나 어떤 일이라도 완수할 수 있는 멀티 플레이어로서의 능력을 키웠습니다. 대부분의 사람들이 하는 대학생활을 저는 일반적으로 경험하기 어려운 특별한 체험으로 변모시켰고, 이러한 특별한 대학생활에서 남다른 성취감을 느낍니다.

3. 지원하신 회사, 직무, 근무지와 관련하여 특별히 희망하는 점이나 면접자에게 꼭 알리고 싶은 사항을 기재하여 주시기 바랍니다(한글 500자까지 가능).

10년 후 저는 식품영업에서 최고로 인정받는 사람이 되고 싶습니다. 하지만 제 자신의 능력이 최고라고 인정받기보다는 최고의 능력을 지닌 사람들로 구성된 팀을 최고로 잘 조율하는 팀장으로 인정받고 싶습니다. 지금과 같은 급변하는 환경에서 한 개인의 능력이 뛰어나다고 해도 모든 문제를 혼자서 해결할 수는 없을 것입니다. 저는 개인의 능력에 대한 적절한 파악으로 업무를 적절하게 분담하여 각 개인에게 적절한 책임과 권한을 양도해서 최고의 성과를 거두는 팀을 이끌고 싶습니다. 10년 후 CJ 주식회사가 명실상부한 세계 제일의 기업의 위치에 섰을 때, 그 위치에 서기까지 식품영업 부문에서 커다란 공헌을 하는 팀을 이끄는 팀장으로 존재할 것입니다.

4. 위에서 기술한 내용 외에 첨부하고자 하는 내용이 있으시면 아래에 이력서를 첨부하거나 추가하실 내용을 기술하여 주세요(한글 2,000자까지 가능).

창의 – 창의적인 당구 타법

친구들은 저와 당구를 치는 것을 좋아합니다. 그 이유는 제가 창의적인 당구를 즐기기 때문입니다. 길이 없을 것 같은 경우에서도 저는 창의적으로 길을 만들어냅니다. 저에게 창의성은 특별한 것이 아니라 삶 자체입니다.

도전 – 한 달에 한 번의 하프 마라톤

저는 도전을 즐깁니다. 어떠한 일이라도 해낼 수 있다는 자신감이 있기에 도전을 즐깁니다. 주로 즐기는 도전은 제 자신에 대한 도전입니다. 평소에 다니는 휘트니스 클럽에서 한 달에 한 번은 하프 마라톤 코스를 달리는 도전으로 도전정신을 가다듬습니다.

고객 – 손톱이 깨진 택배 체험

GS홈쇼핑에서 인턴사원으로 근무할 때, 택배 체험을 하였습니다. 제가 택배 체험을 하는 하루만이라도 고객에게 최상의 서비스를 제공하고자 저는 목장갑을 끼지 않고 상품을 배달하였습니다. 추운 날씨에 손톱이 깨지는 부상도 있었지만, 고객에게 최선의 서비스를 제공했다는 자부심이 가슴속에 남았습니다.

팀웍 – 완충제의 역할을 한 대학생활

대학생활은 저에게 많은 것을 얻게 하였습니다. 그중에서 가장 큰 것은 어떠한 사람과도 친하게 지내는 성격을 형성하였다는 것입니다. 저는 견원지간의 선배들을 한 술자리로 불러내는 성격을 가졌습니다. 여러 사람들의 충돌이 발생시 완충제의 역할을 즐겨합니다.

정직 – 아버지의 가르침

세무공무원으로 근무하시는 아버지께서는 저에게 정직을 가장 강조하셨습니다. 어린 시절에는 그러한 아버지를 이해하지 못했습니다. 다른 중요한 가치가 더 많다고 생각했기 때문입니다. 하지만, 20대 후반에 접어든 지금은 아버지를 이해합니다. 정직은 가장 강조해야할 필요성이 있는 가치라 생각하기 때문입니다.

존중 – 초등학생에게도 존댓말

저는 세상의 모든 사람들이 나보다 뛰어난 점이 최소한 하나는 있다고 생각합니다. 특히 어른들은 저보다 더 많은 세월동안 인생 경험을 했다는 사실 하나만으로도 충분히 존경할 필요가 있다고 생각합니다. 또한 저는 상대방이 초등학생이라도 그들의 인격을 존중하기에 항상 존댓말을 사용합니다.

: : 인적성 검사

대부분의 회사의 입사 전형에는 인적성 검사가 포함되어 있다. 각 회사의 인적성 검사 양식은 다소 차이가 있다. 그룹 자체에 인적성 검사 양식이 있는 회사도 있고, 외주 업체를 이용하는 회사도 있다. 여러 회사의 인적성 검사를 하다 보면, 동일한 양식을 접하는 경우도 종종 있다.

인적성 검사는 말 그대로 인성과 적성에 관한 검사이다. 추가로 IQ 테스트 같은 문제도 있다. 인적성 검사에 대해서 틀린 문제에 대한 페널티가 없기 때문에 무조건 찍어야 된다느니, 틀리면 감점을 받기 때문에 찍으면 안 된다는 등의 논란의 여지가 있다. 나의 경우 주어진 시간 내에 주어진 문제를 다 풀지 못하는 경우도 많았지만, 푸는 데까지만 풀고 모르는 답은 찍지 않고, 공란으로 남겨두었다. 그 결과 모든 종류의 인적성 검사는 아무런 어려움 없이 통과를 하였다. 나의 경험에 비추어 보면, 아는 문제를 푸는 데까지만, 푸는 것이 나을 것 같다.

종종 이 인적성 검사를 통과하지 못하는 친구들이 있다. 더구나 진위 여부는 모르겠지만, 동일 외주업체의 인적성 검사는 최초 검사 결과를 이용한다는 이야기도 있다. 즉, GS홈쇼핑에서 3월에 인적성 검사를 하고 두산인프라코어에서는 5월에 인적성 검사를 한다고 가정했을 때 두 회사가 동일 외주 업체를 이용한다면, 3월의 GS홈쇼핑 인적성 검사 결과를 이용한다는 것이다. 진위 여부야 불확실하지만 어느 정도 가능성은 있다. 그렇기 때문에 인적성 검사를 대충 생각하면 안 될 것 같다.

선배 중 한 명은 인적성 검사에서 계속 떨어져서 시중에 파는 인적성 검사 대비 문제집 2권을 완벽하게 풀었다고 한다. 그 결과 이후의 인적성 검사는 통과를 했다고 하니, 인적성 검사가 걱정되면 미리 인적성 검사 대비 문제집을 풀어보는 것도 도움이 될 것이다. 그리고 학교 등에서 인적성 검사를 받을 수 있으니, 미리 검사를 통해서 문제점을 알고 개선할 부분이 있으면 개선을 하는 것도 좋은 방법일 것이다.

:: 1차 면접

CJ에서의 면접은 면접관 3명에 지원자 5명으로 진행되었다. 면접장의 분위기는 화기애애한 분위기였다. 면접을 대기하는 과정이나 면접장의 분위기는 지원자를 배려하는 마음이 느껴질 정도로 좋았다. CJ에서의 면접을 통해서 CJ에 대한 호감이 아주 커졌을 정도였다. 면접관의 질문도 압박적이지 않고 지원자가 하고 싶은 이야기를 할 수 있도록 배려하는 질문이었다. 면접 시간은 30분 정도 소요되었는데, 면접이 아닌 친한 아저씨와 이야기하는 느낌이 들 정도로 편안하였다. 면접 진행은 지원자 5명이 짧게 30초 정도씩 자기소개를 하는 것으로 시작하였는데, 준비한 자기소개를 하지 말고 자연스럽게 자기소개를 하라고 하였다. 세 번째가 내 차례였는데, 난 그냥 준비한 자기소개를 최대한 자연스럽게 하기로 하였다.

"안녕하십니까? 패기와 열정을 가진 준비된 멀티 플레이어 정병옥입니다. 첫째, 저는 패기와 열정을 가지고 있습니다. 인생 경험을 위해서 대리운전과 같은 아르바이트를 하는 패기와 열정을 가지고 있습니다. 둘째, 저는 준비된 체력이 있습니다. 근육을 사랑하는 사람들의 모임이라는 교내 웨이트 트레이닝 동아리에서 꾸준히 운동하여 현재 지치지 않는 체력을 가지고 있습니다. 셋째, 저는 언제 어디서나 주어진 일을 완수할 수 있는 멀티 플레이어입니다. 대학에서 신문방송, 경영, 경제 세 가지 학문을 전공하였고, 컨설팅 업체의 사례분석가와 야학 교사 등의 다양한 경험을 통하여 언제 어디서나 주어진 일을 완수할 수 있는 능력을 키웠습니다. 이상으로 자기소개를 마치겠습니다. 들어주셔서 감사합니다."

이제 수십 번의 반복으로 인해서 자기소개는 아주 자유자재로 자연스럽게 되었다. 면접관들의 반응도 호의적임을 느낄 수 있었다. 나에게 주어진 질문은 "CJ식품영업에 지원하게 된 동기는 무엇인가?"였는데, 나는 이에 대해 다음과 같이 답변했다.

"영업이야 말로 모든 일의 기본이라고 생각합니다. 저는 영업에 자신이 있습니다. 대학 재학 중 여름방학에 인생 경험을 하고자 한 대리운전 아르바이트를 하였는데, 부산 출신으로서 서울 지리를 잘 모르는 핸디캡에도 불구하고, 회사 내 20여 명의 기사 중에서 항상 고객에게서 가장 많은 팁을 받았습니다. 대리운전업계의 출혈경쟁으로 대부분의 기사들이 한 달에 10만 원의 팁도 받지 못하는 상황에서 저는 한 달 반 동안 200만 원의 팁을 받았습니다. 그 비결은 바로 고객의 이야기를 귀 기울여 들었다는 것입니다. 돈으로는 살 수 없는 값진 경험을 하기 위해 대리운전을 하면서 인생의 선배인 다양한 고객이 하는 말은 무엇보다 소중한 것이라 생각하여 값진 교훈으로 삼으려고 주의 깊게 들었는데, 그러한 태도가 고객들을 감동시켰던 것입니다. 상대방의 마음을 여는 능력은 영업사원의 기본이라 생각합니다."

후속 질문은 "대리운전을 하면서 가장 인상 깊었던 고객은 누구인가?"라는 것이었다. 이 질문에 대한 나의 대답은 다음과 같다.

"제 이름을 불러주셨던 한 고객입니다. 그 고객은 자리에 앉으시자마자 제 이름을 물어보시더니, 출발지에서 도착지까지 가는 40분 정도의 시간에 대화를 하는 과정에서 수차례 제 이름을 불렀습니다. 단순히 이름을 부른다는 사실 하나만으로도 상대방을 존중한다는 느낌을 가질 수 있고 더욱 빠르게 가까워질 수가 있다는 사실을 느꼈습니다. 그 경험을 한 후로 저도 대화를 할 때 의식적으로 상대방의 이름을 부르는데, 이름을 부르면 훨씬 친밀한 대화가 이루어지는 것을 느낍니다."

결과는 합격이었다. 이제는 면접을 보면 무조건 합격할 수 있다는 자신감이 생겼다. 하지만 아쉽게도 학사일정과 2차 면접 일정이 겹쳐서 2차 면접은 참석하지 못했다.

Tip;

CJ그룹의 계열사는 크게 6가지로 분류할 수 있다.

1. 식품 & 식품서비스

CJ제일제당, CJ엠디원, 삼양유지㈜, CJ푸드빌, 신동방CP, CJ프레시웨이, 수퍼피드㈜, 삼호F&G

2. 신유통

CJ홈쇼핑, CJ GLS, CJ텔레닉스, CJ올리브영, CJ월디스

3. 인프라

CJ시스템즈, CJ건설, CJ창업투자, CJ엔시티

4. 생명공학

CJ제일제당

5. 엔터테인먼트 & 미디어

CJ엔터테인먼트, CJ헬로비전, CJ CGV, CJ미디어, CJ파워캐스트, CJ인터넷, CJ조이큐브, CJ tvN, 엠넷미디어

6. 해외계열사

CJ인도네시아, 일본, 중국, 홍콩, 베트남, 필리핀, 유럽 등

7장; LG패션 MD

1. 자신의 성장과정

200만 원의 팁을 받은 대리운전 기사

저는 상대방의 마음을 여는 능력이 있습니다. 2003년 여름방학에 인생 경험을 하고자 대리운전 아르바이트를 하였습니다. 대리운전업계의 불황에도 불구하고, 저는 한 달 반 동안 200만 원의 팁을 받았습니다. 다양한 고객이 하는 말은 무엇보다 소중한 것이라 생각하여 값진 교훈으로 삼으려고 주의 깊게 들었는데, 그러한 태도가 고객들을 감동시켰던 것입니다. 이러한 상대방의 마음을 여는 능력은 MD의 기본이라 생각합니다.

2. 개인특성, 장 · 단점 중심

항상 좋은 성과를 거두는 우리 팀

저의 장점은 솔선수범을 바탕으로 한 책임감과 리더십이 강하다는 것입니다. 팀원들의 동기부여를 일으키는 저의 장점은 LG패션에서 팀원의 능력을 극대화시켜 어떤 일이든지 기한 내에 멋지게 완수하게 할 것입니다.

세상의 모든 일에 대한 관심

저의 단점은 세상의 모든 일에 관심을 가진다는 것입니다. 모든 일에 대한 관심은 업무에 집중하는 것을 방해할 수도 있기에 업무에 지장이 되지 않는 선에서 그칠 수 있도록 노력하고 있습니다.

3. 희망직무 선택에 대한 동기와 적성

가슴속에 타오르는 패션에 대한 열정

제 가슴속에는 패션에 대한 타오르는 열정이 있습니다. 또한, MD라는 직업은 다방면에 관심이 있고, 패기와 열정을 가진 준비된 멀티 플레이어인 저에게 가장 적합한 직업이라고 생각합니다.

축구선수 박지성과 같은 멀티 플레이어

2002년, 대한민국 국민임을 자랑스럽게 느낄 수 있도록 한 월드컵에서 제가 주목한 것은 명장 히딩크 감독이 키운 멀티 플레이어 박지성 선수였습니다. 그라운드 어디에서나 주어진 역할을 해내는 박지성 선수를 보고 저도 패션MD로서 어디에서나 주어진 역할을 해내는 멀티 플레이어가 되고자 다짐했습니다.

4. 자신의 직업관과 비전

최고의 능력을 지닌 사람들로 구성된 팀을 최고로 잘 조율하는 팀장

10년 후 저는 패션MD 부문에서 최고로 인정받는 사람이 되고 싶습니다. 하지만 제 자신의 능력이 최고라고 인정받기보다는 최고의 능력을 지닌 사람들로 구성된 팀을 최고로 잘 조율하는 팀장으로 인정받고 싶습니다. 저는 10년 후 LG패션이 명실상부한 세계 제일의 기업의 위치에 섰을 때, 그 위치에 서기까지 패션MD부문에서 커다란 공헌을 하는 팀을 이끄는 팀장으로 존재할 것입니다.

: : 1차 면접

면접관 5명에 지원자 5명으로 이루어져 20~30분간 면접이 진행되었다. 면접 장소는 LG패션 본사였다. 대기실에서 나누어준 주제로 20분

정도 생각하고 1분 정도 발표를 하는 방식으로 진행되었다. 주제는 다양했고 특별히 PT가 부담이 되지는 않았다.

나에게 주어진 PT주제는 'LG패션이 나아가야 할 방향'이었다. 이에 나는 "의류산업의 주 시장은 여성 상품 시장인데 LG패션에는 경쟁력 있는 여성 상품 브랜드가 없으니, 경쟁력 있는 여성 상품 브랜드를 육성해야 한다. 또한 어린 시절부터 LG패션 브랜드 상품에 관심을 가지도록 젊은이를 타깃으로 하는 브랜드도 육성해야 한다. 이를 위해서 중견 여성 브랜드를 보유하고 있는 기업을 인수합병하거나 아베크롬비 같은 젊은 브랜드를 출시할 필요가 있다"는 내용의 발표를 하였다.

발표를 하면서 중점을 두었던 부분은 평소에 패션시장에 많은 관심을 가지고 있다는 사실을 보여주는 것이었다. 사실 관심이 없었던 것은 아니지만, 패션에 관심이 많은 친구들이 워낙 많았기에 더욱 신경을 썼다. LG패션 면접은 나름대로 준비를 많이 했다. 이때까지만 해도 나의 선호 직무는 MD였기에 LG패션에 대한 기업분석도 나름대로 하였고, 인터넷 등을 통해서 많은 자료를 찾아보았다. 역시 지원하는 회사에 대해서 많이 알아볼수록 면접장에서 더욱 자신감 있는 모습을 보일 수 있다는 사실을 새삼 느꼈다.

여담으로, 선배 중 한 명이 내가 면접을 보기 일 년 전에 면접을 봤는데, "자네 지금 입고 있는 정장 브랜드가 무엇인가?"라는 질문을 받았다고 한다. 제일모직 브랜드를 입고 있었던 선배는 당황해서 버벅거렸고,

면접에서 불합격하였다. 내가 가진 정장도 LG패션 브랜드의 정장이 아니었기에 이 이야기를 듣고 LG패션 브랜드의 정장을 살까 고민을 하였지만, 그냥 타 브랜드의 정장을 입고 면접에 참가하였다. 참고로 입고 있는 정장 브랜드를 물어보는 질문은 나오지 않았다.

: : 2차 면접

2차 면접은 면접관 8명과 지원자 5명으로 구성되어 20~30분 정도로 진행되었다. 면접은 각기 자기소개를 하는 것으로 시작되었다. 나의 경우, 자기소개를 하면 일단 50점은 먹고 들어간다는 느낌이 들 정도로 면접관의 호의를 느낄 수 있었다.

자기소개 후 이어진 질문은 GS홈쇼핑에서의 인턴 경험과 대리운전 경험에 관한 것이었다. "GS홈쇼핑에 가지 않고 왜 LG패션에 지원하였는가?"라는 질문에 TV와 인터넷이라는 매체를 통한 시장보다는 오픈 마켓에서의 MD가 더 많은 것을 배우고 느낄 수 있을 것이라 판단하였고, 평소에 관심이 있었던 패션시장에 집중할 수 있기에 LG패션에 지원을 하였다고 대답하였다. 그리고 대리운전 경험에 관한 질문에 대한 답변은 항상 하던 대로 무난히 하였다.

LG패션에 최종 합격을 하였고, 또 한 차례 고민이 생겼다. LG패션은 학기 중에 연수가 시작되기에 LG패션에 입사를 하려면, 학교 강의와 타 기업 지원을 포기해야만 하였다. LG패션에서의 MD도 너무나 하고 싶었지만, 다른 기업에 지원도 해 보고 싶었고, 일단 학교 강의를 듣지 않을 수가 없었기에 마지막까지 고민을 하다가 입사를 포기하기로 했다.

LG패션의 대표적인 브랜드는 마에스트로, 닥스, 티엔지티, 헤지스, 타운
젠트, 블루마린, 모그, 라푸마가 있다.

LG패션의 직무는 크게 4가지로 분류할 수 있다.

1. 머천다이징
상품기획(MD), 구매, 생산

2. 디자인
디자인, 패턴

3. 영업 & 마케팅
유통영업, 마케팅, 커뮤니케이션

4. 비즈니스 서포팅
기획, 인재개발, 재무

LG패션 홈페이지의 직무소개에 나와 있는 직무에 대한 상세한 설명이
LG패션뿐 아니라 타 기업의 입사지원에도 많은 도움이 될 것이니, 필히
방문하기 바란다.

8장; STX Pan Ocean Global Biz

: : 자기소개서

STX그룹도 하나의 계열사에만 지원할 수 있었다. 그리하여 아는 선배의 조언을 따라 STX Pan Ocean Global Biz에 지원하였다.

1. 성장과정

200만 원의 팁을 받은 대리운전 기사

저는 상대방의 마음을 여는 능력이 있습니다. 이는 2003년 여름방학에 인생 경험을 하고자 한 대리운전 아르바이트에서 잘 드러납니다. 부산 출신으로서 서울 지리를 잘 모르는 핸디캡에도 불구하고, 회사 내 20여 명의 기사 중에서 항상 고객에게서 가장 많은 팁을 받았습니다. 대리운전업계의 출혈경쟁으로 대부분의 기사들이 한 달에 10만 원의 팁도 받지 못하는 상황에서 저는 한 달 반 동안 200만 원의 팁을 받았습니다.

그 비결은 바로 고객의 이야기를 귀 기울여 들었다는 것입니다. 돈으로는 살 수 없는 값진 경험을 하기 위해 대리운전을 하면서 인생의 선배인 다양한 고객의 말은 무엇보다 소중한 것이라 생각하여 값진 교훈으로 삼으려고 주의 깊게 들었는데, 그러한 태도가 고객들을 감동시켰던 것입니다. 고객들은 저의 태도에 감동하여 마음을 열고 지갑을 열어 저에게 많은 팁을 주었던 것입니다. 이러한 상대방의 마음을 여는 능력은 국내외를 막론한 영업의 기본이라 생각합니다.

소주 5병의 주량과 이삼일의 철야작업

저는 강인한 체력과 정신력을 가지고 있습니다. 타고난 기초 체력과 꾸준한 운동으로 단련된 신체와 정신이 소주 5병을 마셔도 평상시와 크게 다르지 않은 모습을 유지하게 합니다. 그리고 이삼일은 잠을 자지 않고 철야작업을 하여도 평상시와 다르지 않게 생활이 가능합니다. 더구나 보통 사람에게는 무리라고 생각되는 그러한 일들을 오히려 즐기며 합니다. 회사에서 Global Biz를 담당하면 업무상 술자리를 가질 수도 있고, 업무가 특정한 날에 편중될 경우도 있을 것입니다. 저는 강인한 체력과 정신력으로 그러한 시기에 더욱 STX Pan Ocean에 도움이 될 것입니다.

2. 학교생활

축구선수 박지성과 같은 멀티 플레이어

2002년, 대한민국 국민임을 자랑스럽게 느낄 수 있도록 한 월드컵은 제게도 많은 것을 생각하게 하였습니다. 다양한 성공요인 중에서 제가 주목한 것은 명장 히딩크 감독이 키운 멀티 플레이어 박지성 선수였습니다. 그라운드 어디에서나 주어진 역할을 해내는 박지성 선수를 보고 저도 언제 어디에서나 어떠한 역할도 해내는 멀티 플레이어가 되고자 다짐했습니다.

우선, 인간관계의 기본이 되는 인간 커뮤니케이션과 현대 사회에 엄청난 영향을 미치고 있는 매스커뮤니케이션에 대해 알고자 신문방송학을 전공하였습니다. 다음으로, 제가 일하게 될 기업과 기업 관련 활동에 대해 알고자 경영학을 전공하였습니다. 마지막으로, 오늘날의 다양한 국내외 사회현상과 국제관계는 경제적인 문제들을 중심으로 형성된 것에 주목하여 경제학을 전공하였습니다.

회사에서 추진 중인 어떤 프로젝트가 신문방송학적 지식, 경영학적 지식과 경제학적 지식이 모두 요구되는 경우 각각의 지식을 보유하고 있는 사람들을 따로 고용하는 경우 많은 비용이 발생합니다. 하지만, 이러한 경우에 제가 그 프로젝트를 담당하게 된다면 회사의 입장에서는 총비용을 감소시킬 수 있을 것입니다.

2년 경력의 사례분석가

저는 어떤 현상이라도 철저히 분석할 수 있는 분석력을 가지고 있습

니다. 이러한 예리한 시각은 2003년 9월부터 컨설팅 업체에 사례분석가로 일하면서 가질 수 있었습니다. 2년 이상 꾸준히 여러 가지 사례에 대한 분석을 하고 보고서를 작성하는 과정을 통해서 비즈니스 전반에 대한 분석력을 가질 수 있었습니다. 입사 후 회사에서 해외영업 환경을 분석하고 그에 따른 수요를 예측하고, 과거의 데이터를 분석하여 미래의 해외영업 전략을 수립하는 데 저의 이러한 분석력이 빛을 발휘할 것입니다.

3. 본인 성격

항상 좋은 성과를 거두는 우리 팀

제 성격의 장점은 솔선수범을 바탕으로 한 책임감과 리더십이 강하다는 것입니다. 대학생활을 하면서 적게는 서너 명, 많게는 예닐곱 명 정도의 학생들이 한 팀을 이루어 작업을 하는 경우가 자주 있습니다. 대부분의 학생들은 책임감에 대한 부담으로 팀장을 하지 않으려는 경향이 있습니다. 하지만 저는 그러한 팀장의 지위를 마다하지 않고 받아들입니다. 그리고 제가 이끄는 팀이나 소속된 팀은 항상 좋은 성과를 거둡니다. 그 이유는 제가 책임감을 가지고 솔선수범하여 팀원들이 재능을 100퍼센트 발휘하도록 하기 때문입니다. 이렇게 팀원들의 업무에 대한 동기부여를 일으키는 저의 장점은 회사에서 팀원의 능력을 극대화시켜 어떤 일이든지 주어진 기한 내에 멋지게 완성할 수 있을 것입니다.

저의 단점은 세상의 모든 일에 관심을 가진다는 것입니다. 다양한 관심은 업무에 집중하는 것을 방해할 수도 있기에 업무에 지장이 되지 않는 선을 지키도록 노력하고 있습니다.

4. 지원분야 능력수준

19개국의 친구들이 인정한 아침을 여는 한국인

저는 2004년 9월부터 2005년 6월까지 9개월간 미국 샌프란시스코에서 어학연수를 하였습니다. 밀스 칼리지(Mills College)의 기숙사에서 생활하며 프랑스, 베네수엘라, 타이완 등 19개국의 친구들과 함께 영어 실력 향상을 위해서 노력했습니다. 제가 국가대표팀의 선수로 미국을 간 것은 아니지만, 저는 미국에서 세계 각국의 사람들에게 한국을 대표한다는 마음가짐으로 성실함과 리더십 등 여러 면에서 모범적인 모습을 보이고자 노력했습니다.

9개월의 기간 동안 밀스 칼리지(Mills College)에서 다른 곳으로 여행을 떠난 4주간의 기간을 제외하고는 매일 아침 6시에 일어나서 40분가량 조깅을 하고 샤워 후 1시간 동안 책을 읽고 아침식사를 하였습니다. 매주 금요일 저녁에 파티를 즐기느라 새벽 2시가 넘어서 자도, 매일 아침 6시면 조깅을 하였습니다.

영어 공부도 중요하였지만, 저에게는 세계 각국의 친구들과 친해지는 것도 중요하였기에, 수업이 끝나면 친구들과 수영, 축구, 탁구, 농구, 웨이트 트레이닝 등의 각종 스포츠를 즐겼습니다. 샌프란시스코의 다양함을 직접 체험하기 위해서 친구들과 샌프란시스코의 거리를 누비며 돌아다니기도 했습니다.

이러한 생활로 세계 19개국의 친구들과 함께하는 온갖 행사를 주도하여 즐기면서도 가장 먼저 아침을 여는 멋진 녀석이라는 인정을 받았습니다. 일회성이 아닌 장기간의 멋진 생활로 여러 나라의 친구들에게서의 인정을 받음으로써 한국인이 멋지다는 이미지를 그들의 마음속에 새겼습니다.

5. 장래계획

최고의 능력을 지닌 사람들로 구성된 팀을 최고로 잘 조율하는 팀장

10년 후 저는 STX Pan Ocean Global Biz부문에서 최고로 인정받는 사람이 되고 싶습니다. 하지만 제 자신의 능력이 최고라고 인정받기보다는 최고의 능력을 지닌 사람들로 구성된 팀을 최고로 잘 조율하는 팀장으로 인정받고 싶습니다. 지금과 같은 급변하는 환경에서 한 개인의 능력이 뛰어나다고 해도 모든 문제를 혼자서 해결할 수는 없을 것입니다. 저는 개인의 능력에 대한 적절한 파악으로 업무의 적절한 분담을 통

해서 각 개인에게 적절한 책임과 권한을 양도해서 최고의 성과를 거두는 팀을 이끌고 싶습니다. 10년 후 STX Pan Ocean이 명실상부한 세계 제일의 기업의 위치에 섰을 때, 그 위치에 서기까지 Global Biz부문에서 커다란 공헌을 하는 팀을 이끄는 팀장으로 존재할 것입니다.

:: 1차 면접

STX에서의 면접은 아무런 부담이 없을 정도로 편안하였다. 면접 장소는 STX본사였다. 면접 대기실에서 친구들도 만났고, 면접 진행요원이 선배였기 때문에 그다지 긴장되지 않았다. 또한 면접에도 어느 정도 자신감이 있었기에 면접 대기실에서 친구들과 농담 따먹기를 하면서 기다리다가 면접장으로 들어갔다. 면접은 면접관 5명에 지원자 5명으로 이루어져 진행되었다. 일단 각자 자기소개를 하는 것으로 면접이 시작되었다. 난 항상 하던 자기소개를 하였고, 역시 면접관의 반응은 호의적임을 느낄 수 있었다.

"안녕하십니까? 패기와 열정을 가진 준비된 멀티 플레이어 정병옥입니다. 첫째, 저는 패기와 열정을 가지고 있습니다. 인생 경험을 위해서 대리운전과 같은 아르바이트를 하는 패기와 열정을 가지고 있습니다. 둘째, 저는 준비된 체력이 있습니다. 근육을 사랑하는 사람들의 모임이라는 교내 웨이트 트레이닝 동아리에서 꾸준히 운동하여 현재 지치지 않는 체력을 가지고 있습니다. 셋째, 저는 언제 어디서나 주어진 일을 완수할 수 있는 멀티 플레이어입니다. 대학에서 신문방송, 경영, 경제 세 가지를 전공하였고, 컨설팅 업체의 사례분석가와 야학 교사 등의 다양한 경험을 통하여 언제 어디서나 주어진 일을 완수할 수 있는 능력을 키웠습니다. 이상으로 자기소개를 마치겠습니다. 들어주셔서 감사합니다."

다음 질문이 주어졌다. "컨설팅 업체에서 사례분석가를 했다고 했는데, 분석한 사례에 대해서 구체적으로 이야기 해보게." 순간 당황하였다. 사례를 분석한지 한참 되었을 뿐만 아니라 그 부분에 대해서 질문을 할 것이라고는 생각해보지 않았던 것이다. 순간 머리를 굴려서 비비큐 치킨의 성공사례를 분석한 것처럼 이야기하였다. 시작은 그럴듯했는데, 거짓말을 하니 당황되기 시작했고 식은땀이 흘렀다. 면접관도 나의 답변에서 이상한 점을 느꼈는지, 처음에 가졌던 호의적인 반응이 차츰 사라졌다. 결국 그렇게 불합격을 하였지만, 거짓말을 하면 안 된다는 것과 아직 준비가 부족하다는 사실을 깨달을 수 있었기에 보람찼던 경험이었다.

STX그룹은 해운무역, 조선기계, 에너지, 건설/플랜트 전문그룹으로서 연관사업의 수직계열화를 완성한 기업이다. 사업부문은 크게 4가지로 구분할 수 있고 관련 회사는 다음과 같다.

1. 해운무역
STX Pan Ocean, STX Coporation

2. 조선기계
STX 조선, STX 중공업, STX 엔진, STX 엔파코

3. 플랜트/건설
STX 중공업, STX 건설, STX 산업플랜트

4. 에너지
STX Coporation, STX 에너지

STX그룹은 2000년 쌍용그룹 해체시 당시 대표이사인 강덕수 회장이 2001년에 인수하여 STX주식회사로 변경하여 제2 창업 후, 2001년 대동조선을 인수하여 STX조선, 산업단지관리공단을 인수하여 STX에너지, 2004년 STX중공업 설립, 2004년 범양상선을 인수하여 STX팬오션, 2005년 STX건설 설립 등 의 과정을 통해서 급격하게 성장한 회사이다.

9장; LG CNS 컨설팅

1. LG CNS에 지원하는 동기에 대해 기술해 주십시오(1,000자 이내 작성).

축구선수 박지성과 같은 멀티 플레이어

2002년, 대한민국 국민임을 자랑스럽게 느낄 수 있도록 한 월드컵은 제게도 많은 것을 생각하게 하였습니다. 특히 저는 명장 히딩크 감독이 키운 멀티 플레이어 박지성 선수를 주목하였습니다. 그라운드 어디에서나 주어진 역할을 해내는 박지성 선수를 보고 저도 언제 어디에서나 주어진 역할을 해내는 멀티 플레이어가 되고자 다짐했습니다.

우선, 인간관계의 기본이 되는 인간 커뮤니케이션과 현대 사회에 엄청난 영향을 미치고 있는 매스커뮤니케이션에 대해 알고자 신문방송학을 전공하였습니다. 다음으로, 제가 일하게 될 기업과 기업 관련 활동에 대해 알고자 경영학을 전공하였습니다. 마지막으로, 오늘날의 다양한 국내외 사회현상과 국제관계는 경제적인 문제들을 중심으로 형성된 것에 주목하여 경제학을 전공하였습니다.

이러한 멀티 플레이어의 능력이 가장 필요한 직업은 컨설팅이라고 생각합니다. 더구나 평범한 컨설팅이 아닌 최신의 경영정보시스템을 구축하는 LG CNS에서의 컨설팅은 제가 꿈꾸는 직업이기에 이렇게 지원합니다.

2년 경력의 사례분석가

저는 어떤 현상이라도 철저히 분석할 수 있는 분석력을 가지고 있습니다. 이러한 예리한 시각은 2003년 9월부터 컨설팅 업체에 사례분석가로 일하면서 가질 수 있었습니다. 2년 이상 꾸준히 여러 가지 사례에 대한 분석을 하고 보고서를 작성하는 과정을 통해서 비즈니스 전반에 대한 분석력을 가질 수 있었습니다. 입사 후 회사에서 고객사를 분석하고 그에 따른 수요를 예측하고, 과거의 데이터를 분석하여 미래의 전략을 수립하는데 저의 이러한 분석력이 빛을 발휘할 것입니다.

2. 어떤 일이나 학습 등 남다른 열정으로 성취를 이룬 경험에 대해 상세히 기재해주십시오(1,000자 이내 작성).

19개국의 친구들이 인정한 아침을 여는 한국인

저는 2004년 9월부터 2005년 6월까지 9개월간 미국 샌프란시스코에서 어학연수를 하였습니다. 밀스 칼리지(Mills College)의 기숙사에서 생활하며 프랑스, 베네수엘라, 타이완 등 19개국의 친구들과 함께 영어 실력 향상을 위해서 노력했습니다. 제가 국가대표팀의 선수로 미국을 간 것은 아니지만, 저는 미국에서 세계 각국의 사람들에게 한국을 대표한다는 마음가짐으로 성실함과 리더십 등 여러 면에서 모범적인 모습을 보이고자 노력했습니다.

9개월의 기간 동안 밀스 칼리지(Mills College)에서 다른 곳으로 여행을 떠난 4주간의 기간을 제외하고는 매일 아침 6시에 일어나서 40분가량 조깅을 하고 샤워 후 1시간 동안 책을 읽고 아침식사를 하였습니다. 매주 금요일 저녁에 파티를 즐기느라 새벽 2시가 넘어서 자도 매일 아침 6시면 어김없이 조깅을 하였습니다.

영어 공부도 중요하였지만, 저에게는 세계 각국의 친구들과 친해지는 것도 중요하였기에, 수업이 끝나면 친구들과 수영, 축구, 탁구, 농구, 웨이트 트레이닝 등의 각종 스포츠를 즐겼습니다. 샌프란시스코의 다양함을 직접 체험하기 위해서 친구들과 샌프란시스코의 거리를 누비며 돌아다니기도 했습니다.

이러한 생활로 세계 19개국의 친구들에게 온갖 행사를 주도하여 즐기면서도 가장 먼저 아침을 여는 멋진 녀석이라고 인정을 받았습니다. 일회성 이벤트가 아닌 장기간의 멋진 생활로 여러 나라의 친구들에게서의 인정을 받음으로써 한국인이 멋지다는 이미지를 그들의 마음속에 새겼다는 점에서 큰 성취감을 느꼈습니다.

3. 전공과목을 공부하면서 가장 흥미가 있던 수업시간은 무엇이고 그 이유에 대해 기재해 주십시오(1,000자 이내 작성).

2005년도 2학기에 경영정보시스템(Management Information System)이라는 과목을 들었습니다. 수업 내용도 흥미로웠지만, 더욱 흥미로웠던 점은 실제 회사의 경영정보시스템이 어떻게 구축되어있는가를 학생들이 직접 기업을 방문하여 조사하여 보고서를 작성하는 과정이 있었다는 것입니다.

5명의 팀원들의 팀장이 되어서 삼양사의 경영정보시스템에 대해서 조사를 하고 보고서를 작성하는 과정에서 기업의 경영정보시스템에 대해서 구체적으로 알 수 있는 기회를 가질 수 있었습니다. 더구나 학기말에 팀원들의 노력으로 완성한 보고서가 14팀 중에서 최고의 보고서로 선정되어 모든 팀원들이 좋은 성적을 얻었기에 더욱 보람찬 수업이었습니다.

또한 교수님께서 LG CNS에서 근무하시는 분을 초빙하셔서 한 시간 동안 강의를 들을 수 있는 기회도 있었습니다. 강의를 하신 분이 LG CNS에서 경영 컨설팅을 하시는 분이었습니다. 그 강의를 들으며 저도 LG CNS에서 경영 컨설팅을 하고 싶다는 목표를 세울 수 있었습니다.

4. 조직생활을 해본 경험에 대해 기재해 주십시오(예 – 동아리, 동문회, 아르바이트, 인턴 등, 1,000자 이내 작성).

200만 원의 팁을 받은 대리운전 기사

저는 상대방의 마음을 여는 능력이 있습니다. 이는 2003년 여름방학에 인생 경험을 하고자 한 대리운전 아르바이트에서 잘 드러납니다. 부산 출신으로서 서울 지리를 잘 모르는 핸디캡에도 불구하고, 회사 내 20여 명의 기사 중에서 항상 고객에게서 가장 많은 팁을 받았습니다. 또한 시작한지 일주일도 되지 않은 시점에서 저를 지목하는 고객도 생겼습니다. 대리운전업계의 출혈경쟁으로 대부분의 기사들이 한 달에 10만 원의 팁도 받지 못하는 상황에서 저는 한 달 반 동안 200만 원의 팁을 받았습니다. 사장님을 비롯한 모든 사람들이 그 비결을 궁금해하였는데, 그 비결은 바로 고객의 이야기를 귀 기울여 들었다는 것입니다. 돈으로는 살 수 없는 값진 경험을 하기 위해 대리운전을 하면서 인생의 선배이신 다양한 고객들의 말씀은 무엇보다 소중한 것이라 생각하여 값진 교훈으로 삼으려고 주의 깊게 듣는 태도가 고객들을 감동시켰던 것입니다. 고객들은 저의 태도에 감동하여 마음을 열고 지갑을 열어 저에게 많은 팁을 주었던 것입니다. 이러한 상대방의 마음을 여는 능력은 컨설턴트의 기본이라 생각합니다.

저는 강인한 체력과 정신력을 가지고 있습니다. 타고난 기초 체력과 꾸준한 운동으로 단련된 신체와 정신이 소주 5병을 마셔도 평상시와 크게 다르지 않은 모습을 유지하게 합니다. 그리고 이삼일은 잠을 자지 않고 철야작업을 하여도 평상시와 다르지 않게 생활이 가능합니다. 더구나 보통 사람에게는 무리라고 생각되는 그러한 일들을 오히려 즐기며 합니다. 회사에서 컨설팅을 담당하면 업무상 술자리를 가질 수도 있고, 업무가 특정한 날에 편중될 경우도 있을 것입니다. 저는 강인한 체력과 정신력으로 그러한 시기에 더욱 LG CNS에 도움이 될 것입니다.

5. 입사 후 10년 뒤 본인의 모습에 대해 적어주십시오(1,000자 이내 작성).

10년 후 저는 LG CNS컨설팅 부문에서 최고로 인정받는 사람이 되고 싶습니다. 하지만 제 자신의 능력이 최고라고 인정받기보다는 최고의 능력을 지닌 사람들로 구성된 팀을 최고로 잘 조율하는 팀장으로 인정받고 싶습니다. 지금과 같은 급변하는 환경에서 한 개인의 능력이 뛰어나다고 해도 모든 문제를 혼자서 해결할 수는 없을 것입니다. 저는 개인의 능력에 대한 적절한 파악으로 업무의 적절한 분담을 통해서 각 개인에게 적절한 책임과 권한을 양도해서 최고의 성과를 거두는 팀을 이끌고 싶습니다. 10년 후 LG CNS가 명실상부한 세계 제일의 기업의 위치에 섰을 때, 그 위치에 서기까지 컨설팅부문에서 커다란 공헌을 하는 컨설팅 팀을 이끄는 팀장으로 존재할 것입니다.

∷ 면접 안내

LG CNS 컨설팅 부문의 면접은 3차에 걸쳐 이루어졌다.

1차 면접에 대한 안내 메일이 왔다.

• 1차 면접은 동료들이 보는 면접으로서 무자료 면접 + PT 면접 (한 번에 두 명씩 들어감)

27~28일에 치러지는 면접전형은 1차 면접으로서 지원자 여러분들은 PT 면접을 준비해주시기 바랍니다. PT 면접은 컨설턴트로서의 발표능력 , 커뮤니케이션능력 , 의사전달능력 , 설득력을 평가하는 자리입니다. PT는 미리 작성을 하셔서 아래의 주소로 해당 파일을 미리 보내주시기 바랍니다. 해당 파일은 수요일 밤 9시까지입니다.

• PT 주제 : 자유(예 – 본인이 수행해본 프로젝트 중 자신 있는 한 가지)

본인이 학교생활을 하면서 인상 깊었던 내용이나 본인의 성공 경메일을 확인하다가 PT면접이 있다는 사실에 긴장하였다. 더구나 미리 자료를 준비하여야 한다는 사실이 싫었다. 하지만 준비를 위해서 생각을 하였다.

'어떤 주제로 할까? 대학시절에 발표하였던 자료 중 일부를 발췌해서 자료를 만들까? 발표하는 내용에 대해 논리적으로 지적하면, 내가 반박할 수 있을까? 내가 그 누구보다 잘 아는 주제에 대해서 발표를 해야겠어. 그래! 그 주제면 되겠구나!'

그리하여 그 누구보다 내가 잘 아는 주제로 발표자료를 만들기로 결정하였다.

:: 1차 면접 발표 자료

패기와 열정을 가진
준비된 멀티 플레이어 정병옥

2006. 4. 27

정병옥

1. 패기와 열정

2. 준비된 체력

3. 멀티 플레이어

패기와 열정

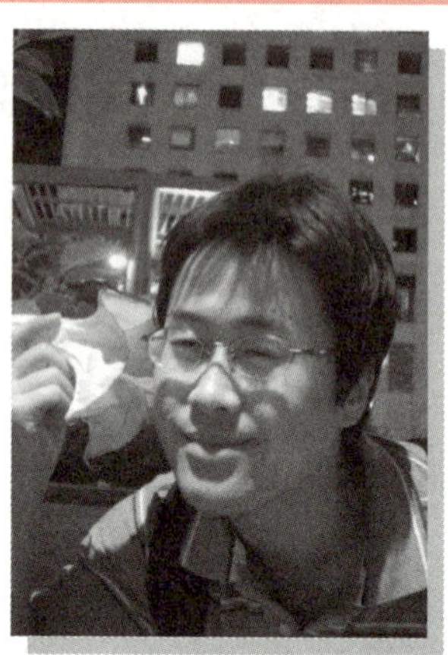

LG CNS

Ambition & Passion

준비된 체력

LG CNS

Ambition & Passion

멀티 플레이어

세 가지 전공과 다양한 경험

언제 어디서나 어떤 일도

 **LG CNS**

Ambition & Passion

LG CNS

가슴 속의 타오르는 열정

LG CNS

LG CNS

Ambition & Passion

Thank you

　나의 PT자료는 다름 아닌 준비된 자기소개에 맞춘 것이었다. 시간이 지난 지금 다시 보니 입사 면접 PT자료로 이것을 준비하였다는 것이 한편으로는 어이가 없고 부끄럽기도 하지만, 한편으로는 나도 참 배짱 하나는 대단한 놈이라는 생각이 든다. 아무튼 PT 주제를 자기소개로 하면, 최소한 논리적 허점에 대한 공격은 받지 않을 것이고, 컨설턴트로서의 발표 능력, 커뮤니케이션 능력, 의사전달 능력, 설득력에만 신경 쓰면 되는 것이다. 일단 그 누구보다 주제에 대해서 내가 잘 알았기에 자신감 있게 발표할 수 있었다.

　"안녕하십니까? 패기와 열정을 가진 준비된 멀티 플레이어 정병옥입니다. 첫째, 저는 패기와 열정을 가지고 있습니다. 다양한 인생 경험을 위해서 대리운전과 같은 아르바이트를 하는 패기와 열정을 가지고 있습니다. 둘째, 저는 준비된 체력이 있습니다. 근육을 사랑하는 사람들의 모임이라는 교내 웨이트 트레이닝 동아리에서 꾸준히 운동하여 현재 지치지 않는 체력을 가지고 있습니다. 셋째, 저는 언제 어디서나 주어진 일을 완수할 수 있는 멀티 플레이어입니다. 대학에서 신문방송, 경영, 경제 세 가지를 전공하였고, 컨설팅 업체의 사례분석가와 야학 교사 등의 다양한 경험을 통하여 언제 어디서나 주어진 일을 완수할 수 있는 능력을 키웠습니다. 제 가슴속에 타오르는 열정을 LG CNS를 위해서 바치겠습니다. 이상으로 프레젠테이션을 마치겠습니다. 들어주셔서 감사합니다."

PT결과는 대성공이었다. 면접관 3명과 지원자는 나와 다른 친구 이렇게 두 명이었다. 세 명의 면접관 중 다소 나이가 많으신 한 분의 호응은 별로였지만, 다른 두 분은 아주 호의적이었다.

컨설팅 부문 면접답게 다소 전문적인 용어에 대한 질문도 이어졌으나, 질문의 난이도는 그리 높지 않았고, 면접관들이 이미 합격 결정을 하였음을 느낄 수 있었다.

면접을 마치고 나오는 길에 같이 면접을 봤던 지원자가 자신은 지난 학기에 졸업을 해서 면접 경험이 좀 있는데, 정병옥 씨는 면접을 잘 본 것 같다고 이번에 합격할 것이라고 이야기했다. 같이 면접을 본 지원자에게조차 그런 이야기를 들었으니, 다소 유치하긴 했어도, PT자료 작성은 대성공이다!

:: 2차 면접

1차 면접 발표가 있었고 합격을 하였다. 며칠 후 2차 면접이 있었다. 2차 면접에 대한 소개는 '컨설팅 조직 내의 담당 팀 리더들이 보는 면접으로서 문제해결 능력을 보는 케이스 면접과 기본역량 면접' 이었다. 2차 면접은 면접관 3명에 지원자 1명으로 진행되었다. 일단 자기소개를 하는 시간이 주어졌고, 이후 첫 번째 질문이 이어졌다. "우리나라의 연간 넥타이 소비량은 얼마인가?"였는데, 순간 어이가 없었다. '그걸 내가 어떻게 알아?' 하지만 내색은 못하고 나름대로 논리적으로 분석을 하는 모습을 보이려 애쓰며 다음과 같이 답했다.

"일단 우리나라의 인구는 5,000만 명인데 그중에서 여자가 반이니 남성 인구는 2,500만 명입니다. 그 중 넥타이 주 소비층은 20대에서 60대의 남성이라고 볼 수 있습니다. 남성 인구 2,500만 명이 0~80세에 골고루 분포되어 있다고 생각하면 각 연령대별 인구를 대략 300만 명으로 잡을 수 있는데, 연간 넥타이 소비 개수를 20~30대는 5개, 40대~60대는 3개로 잡으면, (300만×2×5+300만×3×3)=5,700만 개입니다."

다소 허술하고 간략한 것 같기도 하였지만, 버벅대지 않고 면접관들이 원하는 방식으로 접근을 해서인지 아니면 자기소개에서 호의적인 반응을 이끌어서인지 반응은 그다지 나쁘지 않았다. 두 명의 면접관은 호의적이었고 한 명의 면접관은 비호의적이었으나, 면접은 무난하게 진행되었다.

:: 3차 면접

2차 면접 발표가 있었고 합격을 하였다. 며칠 후 3차 면접이 있었다. 3차 면접은 임원면접으로서 종합적인 인성 위주의 면접이라고 하였다.

똑 같은 면접 장소를 3차례나 가서 그런지 인성 위주의 면접이어서 그런지, 면접장을 갈 때 아무런 긴장도 되지 않았다. 면접 장소에 도착해서 면접은 담당 임원과 일대일 면접이라는 설명을 들었다. 특이하다는 생각을 하였고, 면접장을 들어서는 순간 당황하였다. 당연히 면접관과 나 사이에는 어느 정도의 공간이 확보될 것이라고 생각했는데, 바로 옆에 앉아서 마치 형이 동생에게 물어보듯이 면접을 진행하는 것이었다.

예상치 못했던 상황이라 당황하고 있는데, 질문도 당황스러웠다.

"LG CNS 컨설팅 외에도 다른 회사도 많이 지원했나? 지원했으면 어떤 분야로 지원하였나?"

이런 질문이 나올 것이라고는 생각도 못하였다. 왠지 사실대로 말하면 안 될 것 같았다. 여러 회사에 다양한 직종으로 지원을 한다는 사실을 밝히면 불이익이 있을 것 같다는 생각에 재빨리 머리를 굴렸다.

LG CNS 컨설팅 분야에만 관심이 있다는 모습을 보이고 싶었다. 그래서 몇몇 대기업에 지원을 한 상태라고 하였더니, 어떤 분야로 지원을 하였는지 재차 질문이 들어왔다. "지원분야는 어디로 했는가?"라는 질문에 순간 컨설팅과 관련이 있는 직무를 생각해서 기획 분야로 지원을 하고 있다고 대답했다. 대답을 하고 후회를 했다. 실제로 기획 분야로 지원한 경우는 없었기에 계속 신경이 쓰였고, 20분 남짓한 면접을 마쳤을 때 합격하기 힘들 것 같다는 생각을 하였다.

이번 면접을 통해서 나의 약점을 새삼 알게 되었다. 첫째, 새로운 환경에 당황하는 경향이 있다. 낯선 환경에서는 자연스럽게 이야기가 나오지 않는다. 둘째, 답변하기 곤란한 질문을 받았을 때, 당황하는 경향이 있다. 그리고 임기응변으로 벗어나려 하지만, 결국 임기응변으로 한 거짓말이 걸림돌이 되어서 면접을 망치게 된다. 결국 LG CNS 컨설팅 분야는 최종 면접에서 불합격하였다.

Tip;

LG CNS의 컨설팅

LG CNS의 사업영역은 크게 5가지로 구분할 수 있다.

1. SI(시스템 통합)

맞춤형 시스템 개발, 패키지 소프트웨어 기반 시스템 개발, 시스템 관리, 운영 및 유지보수, S/W, H/W장비 판매, 설치, 통합 및 관리

2. NI(네트워크 통합)

네트워크 컨설팅, 네트워크 설계, 구축 및 통합, 네트워크 유지보수 및 공급

3. ITO(IT 아웃소싱)

데이터센터 서비스, 네트워크 아웃소싱, 애플리케이션 아웃소싱, 데스크 톱 서비스, 재해복구 서비스, 보안 서비스

4. BPO(비즈니스 프로세스 아웃소싱)

문서관리 대행 서비스, 컨택 센터 서비스, 전자 거래 서비스

5. 컨설팅

전략 컨설팅, 프로세스 개선 컨설팅, 이행 컨설팅

참고로 컨설팅 부문의 채용은 타 사업부와는 다소 다른 절차로 진행된다.

10장; 금호아시아나 영업

: :자기소개서

더 높은 가치를 추구하는 금호아시아나 그룹

광주의 작은 택시 회사로 출발한 금호아시아나 그룹은 타이어 제조에서 항공, 운수, 건설, 석유화학, 정보통신, 금융 등의 다각적인 사업을 전개하는 기업으로 성장했습니다. 이러한 성장은 여순반란사건, 6·25, 두 번에 걸친 유류 파동, 타 지역의 반발 및 정부의 규제 등 도처에 널려 있는 실패요소를 극복한 결과였습니다.

그룹의 성장 자체도 대단하지만 더욱 대단한 점은 고(故) 박인천 회장님의 경영 철학입니다. 그분은 자신이 돈을 버는 목적은 국가를 위해서, 피폐한 민족의 소생을 위해서, 이웃과 나누기 위해서라고 했습니다, 1973년 금호그룹 회장에 공식 취임한 박인천 회장은 그해 신년사에서 "기업은 그 존립 기반인 국가 경제에 공헌할 때 비로소 그 책임을 다한다"고 강조했습니다.

저는 과거의 역경과 고통을 성공적으로 극복하였고, 현재의 단순한 이윤만이 아닌 더 높은 가치를 추구하는 금호아시아나 그룹과 미래를 함께 하고자 이렇게 지원합니다.

최고의 능력을 지닌 사람들로 구성된 팀을 최고로 잘 조율하는 팀장

10년 후 저는 영업 부문에서 최고로 인정받는 사람이 되고 싶습니다. 하지만 제 자신의 능력이 최고라고 인정받기보다는 최고의 능력을 지닌 사람들로 구성된 팀을 최고로 잘 조율하는 팀장으로 인정받고 싶습니다. 지금과 같은 급변하는 환경에서 한 개인의 능력이 뛰어나다고 해도 모든 문제를 혼자서 해결할 수는 없을 것입니다. 저는 개인의 능력에 대한 적절한 파악으로 업무의 적절한 분담을 통해서 각 개인에게 적절한 책임과 권한을 양도해서 최고의 성과를 거두는 팀을 이끌고 싶습니다. 10년 후 금호아시아나 그룹이 명실상부한 세계 제일의 기업의 위치에 섰을 때, 저는 금호아시아나 그룹이 그 위치에 서기까지 영업 부문에서 커다란 공헌을 하는 영업팀을 이끄는 팀장으로 존재할 것입니다.

200만 원의 팁을 받은 대리운전 기사

제가 지원한 직무는 영업입니다. 지원한 직무를 성공적으로 수행할 수 있다고 생각하는 이유는 저는 상대방의 마음을 여는 능력이 있기 때문입니다. 이는 2003년 여름방학에 인생 경험을 하고자 한 대리운전 아르바이트에서 잘 드러납니다. 부산 출신으로서 서울 지리를 잘 모르는 핸디캡에도 불구하고, 회사 내 20여 명의 기사 중에서 항상 고객에게서 가장 많은 팁을 받았습니다. 대리운전업계의 출혈경쟁으로 대부분의 기사들이 한 달에 10만 원의 팁도 받지 못하는 상황에서 저는 한 달 반 동안 200만 원의 팁을 받았습니다. 사장님을 비롯한 모든 사람들이 그 비결을 궁금해하였는데, 그 비결은 바로 고객의 이야기를 귀 기울여 들었다는 것입니다. 돈으로는 살 수 없는 값진 경험을 하기 위해 대리운전을 하면서 인생의 선배인 다양한 고객이 하는 말은 무엇보다 소중한 것이라 생각하여 값진 교훈으로 삼으려고 주의 깊게 들었는데, 그러한 태도가 고객들을 감동시켰던 것입니다. 고객들은 저의 태도에 감동하여 마음을 열고 지갑을 열어 저에게 많은 팁을 주었던 것입니다. 이러한 상대방의 마음을 여는 능력은 영업의 기본이라 생각합니다.

군단장님 보고용 파워포인트 작성

저는 강원도 인제의 3군단 직할대대인 143정보대대에서 정보작전병으로 근무하였습니다. 주 업무는 보고서 작성이었습니다. 하루는 군단장님에게서 보고용 파워포인트 작성업무가 주어졌습니다. 무인정찰기중대 창설에 관한 보고서였는데, 보고서에 무인정찰기의 이착륙과 비행 모습 등이 필요했습니다.

필요한 화면은 비디오카메라로 촬영된 것이 있었습니다. 이를 컴퓨터에서 재생이 되도록 변환시키려면 특수한 프로그램이 필요했는데, 부대 내에는 그 프로그램이 없었습니다. 문제를 해결할 방도를 찾던 중 업무상 종종 연락을 하던 군단에 그 프로그램이 있다는 사실을 기억하여 작전과장님께 그 사실을 말씀드렸습니다.

작전과장님께서는 저와 함께 비디오를 가지고 군단을 방문하여 필요한 화면을 컴퓨터용 파일로 변환시켰습니다. 예상치 못했던 문제로 인해 계획대로 진행되지 않았던 일을 해결하고, 이삼일의 철야작업으로 군단장님 보고용 파워포인트를 성공적으로 마무리하였습니다. 쉽지 않은 일을 해내었다는 성취감을 느낄 수 있었을 뿐만 아니라 보고서에 만족하신 대대장님께서 주신 5박 6일의 포상휴가도 즐길 수 있었습니다.

50달러의 벌금

저는 2004년 9월부터 2005년 6월까지 9개월간 미국 샌프란시스코의 밀스 칼리지(Mills college)에서 어학연수를 하였습니다. 당시 저는 화장실에서 용변을 보면서 흡연을 하였습니다. 기숙사에서 함께 지내던 150여 명 중 대부분의 흡연자들이 용변을 보면서 흡연을 하였습니다.

하지만 샌프란시스코의 공공건물에서 흡연이 금지되어 있습니다. 건조한 날씨로 인해서 화재의 위험이 많은 지역이어서 더욱 규제가 심했습니다. 하루는 화장실에서 흡연을 하고 담배꽁초를 지저분하게 처리한 한 친구로 인해서 화장실에서의 흡연이 기숙사 사감에게 발각되었습니다.

기숙사 사감은 흡연자들과 며칠에 걸쳐서 개인 면담을 하였습니다.

면담을 할 때 사감이 제게 화장실에서 담배를 피운 적이 있냐고 물었는데, 먼저 면담을 한 모든 흡연자들이 그런 적이 없다고 대답을 하였습니다. 기숙사 사감과의 면담에서 저는 화장실 흡연의 범인은 저라고 이야기했습니다. 화장실에서의 흡연 경험이 실제로 있었기에 그런 경험이 없다고 거짓말을 하기가 싫었습니다. 이로 인해서 50달러라는 적지 않은 벌금을 물었지만, 저는 제 자신에게 부끄럽지 않은 행동을 하였다는 자부심을 가질 수 있었습니다.

: : 1차 면접

아시아나의 1차 면접은 한자 시험, 역량면접, 토론면접으로 진행되었다. 일단, 한자시험, 사실 한자를 전혀 모르는 것은 아니지만, 그렇다고 많이 아는 것도 아니기에 한자 시험이 걱정이 많이 되었는데, 생각보다 쉬웠고, 객관식이어서 부담없이 문제를 풀 수 있었다.

두 번째, 토론면접, 일단 주어진 주제에 대해서 간단하게 각기 생각을 이야기 하고 자유스러운 분위기에서 자유롭게 토론하면 되었다. 이때 나는 내가 이야기 하는 것은 그냥 평범한 이야기를 하고, 다른 지원자가 이야기를 할 때 주의 깊게 잘 듣고 있다는 제스처를 보여주는 데 최선을 다하였다. 이야기하는 지원자에게 시선을 집중시키고 가끔 호응의 고개를 끄떡였다.

세 번째, 역량면접, 면접관 4명에 지원자 4명으로 면접이 진행되었다. 역량 면접이라고 해서 전공 지식과 관련된 사항이나 항공업에 대한 지식에 관한 질문은 아니었고, 상황을 제시하며 "당신이라면 그 상황에서 어떻게 하겠는가?"라는 질문이 주를 이루었다. 편안한 분위기에서 편안했던 면접이었다.

1차 면접에서 합격은 하였으나, 2차 면접은 개인적인 사정으로 참가하지 못하였다. 공항에서의 근무도 참 매력적인데, 아쉽지만 아시아나와의 인연은 1차 면접에서 끝났다.

금호아시아나그룹은 크게 4가지 사업 부문으로 구분할 수 있다.

1. 화학/타이어 부문
금호석유화학, 금호피앤비화학, 금호미쓰이화학, 금호폴리켐, 금호타이어, 인천공항에너지

2. 건설 부문
대우건설, 금호건설, 금호에스티

3. 운송/물류/서비스 부문
아시아나항공, 대한통운, 금호고속, 금호렌터가, 금호오토리스, 금호리조트, 아시아나IDT, 아시아나애바카스, 금호개발상사, 서울고속버스터미널, 금호터미널, 아스공항, 에어부산

4. 금융 부문
금호생명

11장; SK건설 영업

: : 자기소개서

입사지원을 할 때 여러 회사에 대해서 알아보았는데, 건설회사는 왠지 좋았다. 높은 빌딩이나, 거대한 건축물을 보면 '어떻게 저런 것이 무너지지 않을까?' 라고 생각하며 신기했고, 땀 흘려 일하는 건설 현장의 근로자들도 멋있었다. 더구나 타 업종에 비해서 연봉수준도 높다는 정보를 접수하고 건설업에 대해서 아는 것은 없었지만, 건설회사에 적극적으로 지원을 하였다.

1. 우리 회사를 지원하게 된 동기 및 입사 후 희망 직무 및 포부를 쓰시오.

진정한 사나이 SK건설인

저는 사나이로 태어나서 사나이답게 살고 싶기에 건설업에 종사하고 싶습니다. 많은 건설회사 중에서도 1977년 창업 이래 최신 건축공법과 첨단 시스템을 바탕으로 다양한 개발 경험과 노하우를 축적하여 건설 분야의 세계적인 전문기업으로 인정받고 있는 SK건설을 위해서 제 열정을 태우고 싶기에 이렇게 지원합니다.

최고의 능력을 지닌 사람들로 구성된 팀을 최고로 잘 조율하는 팀장

10년 후 저는 건설 영업에서 최고로 인정받는 사람이 되고 싶습니다. 하지만 제 자신의 능력이 최고라고 인정받기보다는 최고의 능력을 지닌 사람들로 구성된 팀을 최고로 잘 조율하는 팀장으로 인정받고 싶습니다. 지금과 같은 급변하는 환경에서 한 개인의 능력이 뛰어나다고 해도 모든 문제를 혼자서 해결할 수는 없을 것입니다. 저는 개인의 능력에 대한 적절한 파악으로 업무의 적절한 분담을 통해서 각 개인에게 적절한 책임과 권한을 양도해서 최고의 성과를 거두는 팀을 이끌고 싶습니다. 10년 후 SK건설이 명실상부한 세계 제일의 기업의 위치에 섰을 때, 그 위치에 서기까지 영업 부문에서 커다란 공헌을 하는 영업팀을 이끄는 팀장으로 존재할 것입니다.

2. 성격의 장 · 단점 및 생활신조를 쓰시오.

항상 좋은 성과를 거두는 우리 팀

제 성격의 장점은 솔선수범을 바탕으로 한 책임감과 리더십이 강하다는 것입니다. 제가 이끄는 팀이나 소속된 팀은 항상 좋은 성과를 거둡

니다. 그 이유는 제가 책임감을 가지고 솔선수범하여 팀원들이 재능을 100퍼센트 발휘하도록 하기 때문입니다. 이렇게 팀원들의 업무에 대한 동기부여를 일으키는 저의 장점은 회사에서 팀원의 능력을 극대화시켜 어떤 일이든지 주어진 기한 내에 멋지게 완성할 수 있을 것입니다.

세상의 모든 일에 대한 관심

제 성격의 단점은 사소한 일에도 신경을 쓴다는 것입니다. 실연을 당한 친구의 이성문제부터 시작해서, 당구장 주인 형의 아기가 잘 크고 있는지에 이르기까지 세상의 모든 일에 관심을 가진다는 것입니다. 직무수행시 이러한 관심은 상대방에게 불필요한 간섭으로 여겨질 수 있기에, 저는 상대방이 세심한 배려라고 느끼게끔 하는 선을 지키려고 노력하고 있습니다.

진인사 대천명

제 생활신조는 '진인사 대천명' 입니다. 이러한 생활신조로 모든 일에 최선을 다하고, 예상치 못했던 일로 뜻대로 일이 진행되지 않는 경우에도 좌절하지 않는 긍정적인 태도를 유지합니다.

3. 자신의 강 · 약점 및 인생에서 성공하거나 실패한 경험을 쓰시오.

200만 원의 팁을 받은 대리운전 기사

저는 상대방의 마음을 여는 능력이 있습니다. 이는 2003년 여름방학에 인생 경험을 하고자 한 대리운전 아르바이트에서 잘 드러납니다. 부산 출신으로서 서울 지리를 잘 모르는 핸디캡에도 불구하고, 회사 내 20여 명의 기사 중에서 항상 고객에게서 가장 많은 팁을 받았습니다. 또한 시작한지 일주일도 되지 않은 시점에서 저를 지목하는 고객도 생겼습니다. 대리운전업계의 출혈경쟁으로 대부분의 기사들이 한 달에 10만 원의 팁도 받지 못하는 상황에서 저는 한 달 반 동안 200만 원의 팁을 받았습니다. 사장님을 비롯한 모든 사람들이 그 비결을 궁금해하였는데, 그 비결은 바로 고객의 이야기를 귀 기울여 들었다는 것입니다. 돈으로는 살 수 없는 값진 경험을 하기 위해 대리운전을 하면서 인생의 선배인 다양한 고객의 말은 무엇보다 소중한 것이라 생각하여 값진 교훈으로 삼으려고 주의 깊게 들었는데, 그러한 태도가 고객들을 감동시켰던 것입니다. 고객들은 저의 태도에 감동하여 마음을 열고 지갑을 열어 저에게 많은 팁을 주었던 것입니다. 이러한 상대방의 마음을 여는 능력은 영업의 기본이라 생각합니다.

4. 해외연수, 봉사활동, 동아리활동 등 다양한 활동 경험을 쓰시오.

19개국의 친구들이 인정한 아침을 여는 한국인

저는 2004년 9월부터 2005년 6월까지 미국 샌프란시스코에서 어학 연수를 하였습니다. 밀스 칼리지(Mills College)의 기숙사에서 생활하며 프랑스, 베네수엘라 등 19개국의 친구들과 함께 영어 실력 향상을 위해서 노력했습니다. 제가 국가대표팀의 선수로 미국을 간 것은 아니지만, 저는 미국에서 세계 각국의 사람들에게 한국을 대표한다는 마음가짐으로 성실함과 리더십 등 여러 면에서 모범적인 모습을 보이고자 노력했습니다.

9개월의 기간 동안 매일 아침 6시에 일어나서 40분가량 조깅을 하고 샤워 후 1시간 동안 책을 읽고 아침식사를 하였습니다. 영어 공부도 중요하였지만, 저에게는 세계 각국의 친구들과 친해지는 것도 중요하였기에, 수업이 끝나면 친구들과 수영, 축구 등 각종 스포츠를 즐겼습니다. 문화의 다양함을 체험하기 위해서 친구들과 샌프란시스코의 거리를 누비며 돌아다녔습니다. 이러한 생활로 세계 19개국의 친구들에게 온갖 행사를 주도하여 즐기면서도 가장 먼저 아침을 여는 멋진 녀석이라고 인정을 받았습니다.

:: 인적성 검사, 영어 시험

SK건설에 지원하는 경우, 서류전형 다음 단계는 인적성 검사와 영어

시험이다. 특이한 점은 영어시험은 선택이라 원하는 지원자만 시험을 친다. 나는 토익 성적이 900점이 되지 않았기에 밑져야 본전이라는 생각으로 영어시험을 선택하였다.

서류전형을 통과하고 인적성 검사와 영어 시험을 치는 날이 마침 국민은행의 필기시험을 치는 날이었다. 시간은 다소 차이가 있었으나, 시간이 겹칠지 아닐지를 예상할 수가 없었다. 일단 인적성 검사를 무사히 끝내고, 잠시 쉬는 시간을 가졌다. 한 시간 후면 국민은행 필기시험이 있었다.

영어시험을 선택을 하고 응시하지 않으면 무조건 불합격이라는 공지가 있었기에 망설였다. 하지만 설마 영어시험에 응시하지 않았다고 불합격하겠느냐는 생각에 영어시험은 응시하지 않고, 국민은행 필기시험 장소로 이동하였다.

시험 감독관이 영어시험 응시하지 않고 가면 무조건 불합격이라고 다시 한 번 주의를 주었지만, 설마 그렇지는 않을 거라고 생각했다. 하지만 결과는 불합격이었다. 타 회사의 거의 모든 인적성 검사를 무사히 통과한 전례를 고려해볼 때, 영어시험을 선택하고 응시하지 않으면 무조건 탈락일 가능성이 크다.

건설회사는 참 매력적이었는데, 주의사항을 제대로 지키지 않아서 SK건설과의 인연은 인적성 검사에서 끝났다.

Tip;

SK그룹의 계열사는 크게 3가지 분야로 구분할 수 있다.

1. 에너지/화학
SK에너지, SKC, SKE&S, SK가스, K-Power, SK케미컬

2. 정보통신
SK텔레콤, SK C&C

3. 물류/서비스
SK네트웍스, SK해운, SK건설, SK증권, SK마케팅앤컴퍼니

12장; 국민은행 개인영업

:: 자기소개서

누나가 은행에서 근무를 하였었는데, 은행은 남자가 근무할 곳이 아니라고 웬만하면 은행이 아닌 다른 직장을 선택하라고 조언을 하였다. 그래서인지 금융기관에서 일하고 싶은 생각은 없었지만, 은행에 입사하고 싶어하는 친구들도 많았기에, 조금이나마 그 분위기를 직접 느껴보고 싶어서 은행에 지원하였다.

1. 나의 소개(성격 포함)

200만 원의 팁을 받은 대리운전 기사

저는 상대방의 마음을 여는 능력이 있습니다. 이는 2003년 여름방학에 인생 경험을 하고자 한 대리운전 아르바이트에서 잘 드러납니다. 부산 출신으로서 서울 지리를 잘 모르는 핸디캡에도 불구하고, 회사 내 20여 명의 기사 중에서 항상 고객에게서 가장 많은 팁을 받았습니다. 또한 시작한지 일주일도 되지 않은 시점에서 저를 지목하는 고객도 생겼습니다. 대리운전업계의 출혈경쟁으로 대부분의 기사들이 한 달에 10만 원의 팁도 받지 못하는 상황에서 저는 한 달 반 동안 200만 원의 팁을 받았습니다. 사장님을 비롯한 모든 사람들이 그 비결을 궁금해하였는데, 그 비결은 바로 고객의 이야기를 귀 기울여 들었다는 것입니다. 돈으로는 살 수 없는 값진 경험을 하기 위해 대리운전을 하면서 인생의 선배인 다양한 고객의 말은 무엇보다 소중한 것이라 생각하여 값진 교훈으로 삼으려고 주의 깊게 들었는데, 그러한 태도가 고객들을 감동시켰던 것입니다. 고객들은 저의 태도에 감동하여 마음을 열고 지갑을 열어 저에게 많은 팁을 주었던 것입니다. 이러한 상대방의 마음을 여는 능력은 은행 개인 영업의 기본이라 생각합니다.

항상 좋은 성과를 거두는 우리 팀

제 성격의 장점은 솔선수범을 바탕으로 한 책임감과 리더십이 강하다는 것입니다. 이렇게 팀원들의 업무에 대한 동기부여를 일으키는 저의 장점은 국민은행에서 팀원의 능력을 극대화시켜 어떤 일이든지 주어진 기한 내에 멋지게 완성할 수 있을 것입니다.

2. 지원동기

2002년, 대한민국 국민임을 자랑스럽게 느낄 수 있도록 한 월드컵은 제게도 많은 것을 생각하게 하였습니다. 다양한 성공요인 중에서 제가 주목한 것은 명장 히딩크 감독이 키운 멀티 플레이어 박지성 선수였습니다. 그라운드 어디에서나 주어진 역할을 해내는 박지성 선수를 보고 저도 언제 어디에서나 맡은 역할을 해내는 멀티 플레이어가 되고자 다짐했습니다.

우선, 인간관계의 기본이 되는 인간 커뮤니케이션과 현대 사회에 엄청난 영향을 미치고 있는 매스커뮤니케이션에 대해 알고자 신문방송학을 전공하였습니다. 다음으로, 제가 일하게 될 국민은행과 은행관련 활동에 대해 알고자 경영학을 전공하였습니다. 마지막으로, 오늘날의 다양한 국내외 사회현상과 국제관계는 경제적인 문제들을 중심으로 형성된 것에 주목하여 경제학을 전공하였습니다.

제가 가진 이러한 멀티 플레이어의 능력이 가장 필요한 직업은 다양한 고객을 만나야 하는 은행의 개인영업이라고 생각합니다. 더구나 평범한 은행이 아닌 한국 금융을 선도하는 국민은행에서의 개인영업은 저의 멀티 플레이어로서의 능력을 100% 발휘할 수 있는 분야라고 생각합니다. 저의 능력을 국민은행이 국내 제일의 은행을 넘어서 세계 제일의 은행으로 거듭나는 데 기여하고자 이렇게 지원합니다.

최고의 능력을 지닌 사람들로 구성된 팀을 최고로 잘 조율하는 팀장

10년 후 저는 개인영업 부문에서 최고로 인정받는 사람이 되고 싶습니다. 하지만 제 자신의 능력이 최고라고 인정받기보다는 최고의 능력을 지닌 사람들로 구성된 팀을 최고로 잘 조율하는 팀장으로 인정받고 싶습니다. 지금과 같은 급변하는 환경에서 한 개인의 능력이 뛰어나다고 해도 모든 문제를 혼자서 해결할 수는 없을 것입니다. 저는 개인의 능력에 대한 적절한 파악으로 업무의 적절한 분담을 통해서 각 개인에게 적절한 책임과 권한을 양도해서 최고의 성과를 거두는 팀을 이끌고 싶습니다. 10년 후 국민은행이 명실상부한 세계 제일의 기업의 위치에 섰을 때, 저는 국민은행이 그 위치에 서기까지 개인영업 부문에서 커다란 공헌을 하는 개인영업팀을 이끄는 팀장으로 존재할 것입니다.

끊임없는 노력

입사 후 1년차에는 우선 맡은 업무를 능숙하게 할 수 있도록 최선을 다하겠습니다. 2년차에는 직장 동료들에게 도움이 되는 존재가 되겠습니다. 3년차에는 제가 가진 영업에 대한 노하우를 금융업에 접목시켜서 고객이 가장 상담하고 싶은 은행원이 되겠습니다. 4년차에는 업무에 관한 전문지식을 갖추기 위해 노력하겠습니다. 5년차에는 제가 속한 팀이 최고의 실적을 내는 가시적인 성과를 내겠습니다. 6년차부터는 매너리즘에 빠지지 않고 이러한 노력이 끊임없이 이어지도록 최선을 다하겠습니다.

:: 필기시험과 인적성 검사

서류 통과 지원자는 필기시험(논술)과 인적성 검사를 하였다. 장소는 빌린 학교의 교실이었다. 논술은 일반 논술과 기획안 논술이 있었는데, 사실 기획안 논술은 어떻게 작성하는 것인지 몰라서 당황스러웠다. 내가 모르면 다른 지원자도 모를 것이라는 생각에 일단, 일반 논술 답안을 작성하였다.

일반 논술 주제는 한국과 미국의 FTA에 대해서 논하라는 것이었는데, 당시 주요 이슈였기에 평소 이야기를 많이 해서인지 그다지 부담스럽지 않게 작성하였다. 찬성의 입장에서 쓸까, 반대의 입장에서 쓸까를 고민하다가 은행도 기업인데, 기업의 입장에서는 찬성의 입장을 더 좋아할 것 같아서 찬성의 입장으로 답안을 작성하였다.

일반 논술을 다 작성하였는데도, 아무도 기획안 논술이 무엇인지 감독관에게 물어보지 않았다. 기획안 논술이니까 개요를 구체적으로 작성하라는 것으로 생각하고 개요를 작성하였다. 주제는 양극화 해결을 위한 효과적인 방안이었다.

양극화 해결을 위한 효과적인 방향이 주제이지만, 양극화 해결을 위해서 시장주의를 배격하는 쪽으로 논조의 방향을 잡으면 좋지 않을 것 같다고 생각했다. 그래서 단순히 가난한 사람들에게 금전적인 지원을 하는 복지보다는 가능한 많은 기회를 제공하여 노력하는 사람은 노력의 결실을 얻을 수 있는 복지가 이루어져야 한다는 방향으로 개요를 작성하였다.

사실 아직도 기획안 논술 답안을 어떻게 작성해야 하는지 정확히는 모르겠으나, 나처럼 개요만 작성해도 합격하고, 일반 논술과 같이 작성했다는 친구도 합격을 하였으니, 양식에 크게 구애받을 필요는 없을 것 같다.

:: 1차 면접

국민은행의 1차 면접은 천안 연수원에서 진행되었다. 면접을 보기 위해 아침 일찍 천안까지 가야 했다. 인성면접, PT면접, 토론면접 세 가지로 진행되었다.

첫 번째, 인성면접은 면접관 두 명에 지원자 4명으로 진행되었다. 분위기는 화기애애했고, "어떠한 문제 해결을 어떻게 하겠는가?"라는 질문이 주가 되었고, 그에 대해 답변을 하면 꼬리를 문 질문이 이어지는 식으로 진행되었다. 인자한 동네 아저씨와 이야기 하듯이 편안한 분위기의 면접이었다.

두 번째, PT면접은 다소 까다로웠다. 무작위로 주제를 고르고 주어진 주제에 대한 발표자료를 OHP필름에 작성하고 그것을 이용하여 면접관 세 명 앞에서 발표를 하는 것이었다. 주제는 경제학적 지식과 관련된 것인데, 나의 주제는 인플레이션의 원인과 사회적 비용에 관한 것이었다. 10~15분 동안 주어진 주제에 대해서 간략히 발표하고 질문에 대한 답변을 간단히 하였는데, 경제학적 지식의 정도를 테스트한다기보다는 발표력을 테스트하는 데 중점이 있다는 느낌을 받았다.

세 번째, 토론 면접은 면접관 2명에 지원자 10명으로 진행되었다. 주제는 토론 면접장에서 주어졌다. 토론은 지원자들끼리 자유롭게 토론을 하면 되는데, 면접관은 토론이 진행되는 동안 채점을 하였다. 토론 면접의 경우 점수 편차가 크지 않으리라 생각해서 그냥 무난하게 이야기하고 다른 지원자가 발언을 할 때 고개를 끄떡이는 등의 제스처로 잘 듣고 있다는 모습을 보이는 데 주의를 기울였다.

:: 2차 면접

국민은행 2차 면접은 여의도 본점에서 임원면접으로 진행되었다. 본

격적인 면접 전에 대기장소에서 일대일 면담이 있었다. 학교에 관해서, 현재 취업 전형이 진행 중인 기업은 어디인지 등등에 대해서 간략하게 물어보았다. 얘기를 하는데, 괜히 찝찝하였다.

임원면접은 면접관 4명에 지원자 4명으로 진행되었다. 자기소개로 시작해서 일단 면접관들의 호의적인 반응을 얻고 시작하였지만, 면접 진행 도중 실수가 잇달았다. 면접방식은 4명의 지원자 중 3번째가 나의 차례였는데, 똑같은 질문에 대해서 모든 지원자가 각자의 대답을 하는 것이었다.

똑같은 질문이 주어져서 생각할 시간이 많아지니, 오히려 역효과가 나는 듯했다. 질문 중 하나는 "만약 추진하는 일이 난관에 부딪치면 어떻게 하겠는가?"였다. "난관에 부딪치더라도 될 때까지 추진하겠다"라는 대답이 원래 내 스타일의 대답인데 그렇게 대답하면 싫어할 것 같아서, "추진하다가 난관에 부딪히면 과감히 중단하고, 손실을 최소화하겠다"고 대답하였다.

다음 질문은 "적극적으로 나서서 무엇인가를 하였던 경험에 대해서 이야기 해보라"는 것이었다. 당시 면접을 준비하면서 어디선가 국민은행에서 강성 노조를 싫어한다는 이야기를 들었다. 그래서 이 질문은 입사 후 강성 노조가 될 가능성이 있는 지원자를 걸러내기 위한 질문이라고 생각해서 "적극적으로 나서는 성격이 아니어서 그런 경험이 없다"라고 대답하였다.

질문에 대한 대답을 하면서 '내가 왜 이러지?' 라는 생각이 들 정도로 나조차도 답변이 마음에 들지 않았다. 더구나 면접관들이야 오죽했으랴. 면접 전날 과음하고 아침 일찍부터 면접을 봤기에 더 횡설수설했었던 것 같다.

개인적으로 국민은행 최종 면접은 가장 많은 실수가 있었던 면접이었다. 국민은행 면접전형 내내 그냥 평소의 내 모습대로 대답하면 될 것을 면접관의 기호를 맞추기 위해서 과도하게 신경을 썼던 것 같다. 그때의 상황을 돌이켜 보면 질문에 대한 모든 답변이 감점요인이 되었던 것 같다. 아무튼 최종 면접에서 탈락을 했지만, 새로운 경험을 했기에 아쉬움은 없었다.

은행은 일반적인 기업과는 차이가 있다. 장점은 높은 연봉과 상대적으로 안정적인 고용보장이다. 은행의 연봉은 일반 대기업 중에서도 연봉이 높은 대기업과 비슷한 수준에서 시작하는데, 연봉의 상승폭이 높기 때문에, 근무기간이 늘어날수록 급여의 차이가 커진다. 대기업에 비해 고용도 다소 안정적이다. 단점은 특히 지점에서 근무를 하면, 업무를 통한 성취감을 얻기가 쉽지 않다는 것이다.

13장; 현대카드 캐피털 카드 영업

: : 자기소개서

200만 원의 팁을 받은 대리운전 기사

저는 상대방의 마음을 여는 능력이 있습니다. 이는 2003년 여름방학에 인생 경험을 하고자 한 대리운전 아르바이트에서 잘 드러납니다. 부산 출신으로서 서울 지리를 잘 모르는 핸디캡에도 불구하고, 회사 내 20여 명의 기사 중에서 항상 고객에게서 가장 많은 팁을 받았습니다. 또한 시작한지 일주일도 되지 않은 시점에서 저를 지목하는 고객도 생겼습니다. 대리운전업계의 출혈경쟁으로 대부분의 기사들이 한 달에 10만 원의 팁도 받지 못하는 상황에서 저는 한 달 반 동안 200만 원의 팁을 받았습니다. 사장님을 비롯한 모든 사람들이 그 비결을 궁금해하였는데, 그 비결은 바로 고객의 이야기를 귀 기울여 들었다는 것입니다. 돈으로는 살 수 없는 값진 경험을 하기 위해 대리운전을 하면서 인생의 선배인 다양한 고객의 말은 무엇보다 소중한 것이라 생각하여 값진 교훈으로 삼으려고 주의 깊게 들었는데, 그러한 태도가 고객들을 감동시켰던 것입니다. 고객들은 저의 태도에 감동하여 마음을 열고 지갑을 열어 저에게 많은 팁을 주었던 것입니다. 이러한 상대방의 마음을 여는 능력은 영업의 기본이라 생각합니다.

항상 좋은 성과를 거두는 우리 팀

제 성격의 장점은 솔선수범을 바탕으로 한 책임감과 리더십이 강하다는 것입니다. 제가 이끄는 팀이나 소속된 팀은 항상 좋은 성과를 거둡니다. 그 이유는 제가 책임감을 가지고 솔선수범하여 팀원들이 재능을 100퍼센트 발휘하도록 하기 때문입니다. 이렇게 팀원들의 업무에 대한 동기부여를 일으키는 저의 장점은 회사에서 팀원의 능력을 극대화시켜 어떤 일이든지 주어진 기한 내에 멋지게 완성할 수 있을 것입니다.

세상의 모든 일에 대한 관심

제 성격의 단점은 사소한 일에도 신경을 쓴다는 것입니다. 실연을 당한 친구의 이성문제부터 시작해서, 당구장 주인 형의 아기가 잘 크고 있는지에 이르기까지 세상의 모든 일에 관심을 가진다는 것입니다. 직무수행시 이러한 관심은 상대방에게 불필요한 간섭으로 여겨질 수 있기에, 저는 상대방이 세심한 배려라고 느끼게끔 하는 선을 지키려고 노력하고 있습니다.

제 생활신조는 '진인사 대천명' 입니다. 이러한 생활신조로 모든 일에 최선을 다하고, 예상치 못했던 일로 뜻대로 일이 진행되지 않는 경우에도 좌절하지 않는 긍정적인 태도를 유지합니다.

축구선수 박지성과 같은 멀티 플레이어

2002년, 대한민국 국민임을 자랑스럽게 느낄 수 있도록 한 월드컵은 제게도 많은 것을 생각하게 하였습니다. 다양한 성공요인 중에서 제가 주목한 것은 명장 히딩크 감독이 키운 멀티 플레이어 박지성 선수였습니다. 그라운드 어디에서나 주어진 역할을 해내는 박지성 선수를 보고 저도 언제 어디에서나 맡은 역할을 해내는 멀티 플레이어가 되고자 다짐했습니다.

우선, 인간관계의 기본이 되는 인간 커뮤니케이션과 현대 사회에 엄청난 영향을 미치고 있는 매스커뮤니케이션에 대해 알고자 신문방송학을 전공하였습니다. 다음으로, 제가 일하게 될 은행과 은행 관련 활동에 대해 알고자 경영학을 전공하였습니다. 마지막으로, 오늘날의 다양한 국내외 사회현상과 국제관계는 경제적인 문제들을 중심으로 형성된 것에 주목하여 경제학을 전공하였습니다.

제가 가진 이러한 멀티 플레이어의 능력이 가장 필요한 직업은 다양한 고객을 만나야 하는 카드사의 영업이라고 생각합니다. 더구나 평범한 카드사가 아닌 한국 카드업을 선도하는 현대카드에서의 영업은 저의 멀티 플레이어로서의 능력을 100% 발휘할 수 있는 분야라고 생각합니다.

최고의 능력을 지닌 사람들로 구성된 팀을 최고로 잘 조율하는 팀장

10년 후 저는 카드영업 부문에서 최고로 인정받는 사람이 되고 싶습니다. 하지만 제 자신의 능력이 최고라고 인정받기보다는 최고의 능력을 지닌 사람들로 구성된 팀을 최고로 잘 조율하는 팀장으로 인정받고 싶습니다. 지금과 같은 급변하는 환경에서 한 개인의 능력이 뛰어나다고 해도 모든 문제를 혼자서 해결할 수는 없을 것입니다. 저는 개인의 능력에 대한 적절한 파악으로 업무의 적절한 분담을 통해서 각 개인에게 적절한 책임과 권한을 양도해서 최고의 성과를 거두는 팀을 이끌고 싶습니다. 10년 후 현대카드가 명실상부한 세계 제일의 기업의 위치에 섰을 때, 저는 현대카드가 그 위치에 서기까지 영업 부문에서 커다란 공헌을 하는 영업팀을 이끄는 팀장으로 존재할 것입니다.

∷ 1차 면접

현대카드 캐피털의 1차 면접은 인적성 검사와 토론면접으로 진행되었다. 많은 인원이 동시에 인적성 검사를 본 후 면접이 진행되어서 그런지 대기시간이 길었다.

토론 면접은 면접관 3명에 지원자 4명으로 진행되었다. 문제는 가상의 상황을 주고 해결하는 문제인데, 나의 경우 '중국에 두부공장을 설립했는데, 예상보다 사업 실적이 부진하다. 이 상황을 어떻게 해결할 것인가?' 라는 주제였다. 주제가 주어지고 생각할 시간을 가질 수 있다. 한 장의 용지에 자신의 생각을 정리해서 그 복사본을 면접관들에게 제출하는 점이 특이하였다.

어김없이 토론 면접에서 간략히 얘기하고, 다른 지원자들의 이야기를 듣는 데 집중하는 모습을 보이려고 신경을 썼다.

:: 2차 면접

면접관 3명에 지원자 4명으로 진행되었다. 임원 면접으로 학교생활이나 기타 특이 사항에 대한 질문으로 진행되었다. 우리나라 사회에서는 학연이 중요하다는 이야기를 많이 들었다. 사실 입사 지원을 하면서 해당 기업에 근무하는 동문 선배를 만나면 왠지 힘이 나는 것을 느끼기도 하였다. 하지만 현대카드 캐피털의 2차 면접에서는 학연으로 인해서 아주 기분 나쁜 경험을 하였다.

면접관 중 가장 높은 직책을 가진 것 같은 면접관이 K대 출신인 것 같았는데, 지원자 중 K대 출신에게 노골적으로 편애하는 모습을 보였다. 학연이 아닌 다른 무엇인가로 연결되어 있는지는 불확실하지만, 아무튼 지원자의 입장에서 기분이 나빴다. 면접이 진행되는 도중에 면접관의 실망스러운 모습에 기분이 상했지만, 무난하게 면접을 마쳤다. 이 정도면 합격일 것이라고 생각했는데, 결과는 불합격이었다. 내가 부족해서 불합격하였겠지만, 왠지 면접관의 편애로 인한 결과일 수도 있겠다는 생각이 들었다.

실제로 내가 보고 느끼고, 주위의 믿을 수 있는 정보를 바탕으로 판단해 보면, 입사 지원시 소위 말하는 '백'이 작용을 한다. 예를 들어 해당 기업 임원이나 관련 업체 임원의 아들이나 딸이 입사지원을 하는 경우, 아닌 경우도 있겠지만, 혜택을 받는 경우도 많다. 그리고 인사 청탁으로 서류전형의 경우 합격기준에 못 미치는 경우에도 특혜를 받는 경우도 있다.

현대카드 캐피털 면접을 보고 사회의 부조리에 대해서 다시 한 번 생각해 보았고, 분노하였다. 남들과 비슷한 경우, 어떤 학연이나 지연 등이 결정적인 영향을 끼칠 수 있다. 하지만 남들보다 특출하게 뛰어나다면, 어떤 학연이나 지연 등이 영향을 끼치기는 힘들 것이라는 생각을 가지고 더 열심히 노력하여야겠다는 생각을 하였다.

Tip;

현대카드 캐피털의 직무는 크게 3가지 부문으로 구분할 수 있다.

1. 영업 부문
회원영업, 법인영업, 제휴영업, 가맹점영업, 생활서비스, 채권관리, d-biz
영업

2. 영업지원 부문
마케팅기획, 마케팅지원, CRM기획, CS기획, 상담/회원심사, 고객정산,
채권지원, Credit기획

3. 경영관리 부문
전략기획, 경영관리, 인사/관리, 총무, 홍보, 재무, 회계, 감사

14장; GS건설 영업

: : 자기소개서

1. 자기소개(장 · 단점, 특기 등)

200만 원의 팁을 받은 대리운전 기사

저는 상대방의 마음을 여는 능력이 있습니다. 이는 2003년 여름방학에 인생 경험을 하고자 한 대리운전 아르바이트에서 잘 드러납니다. 부산 출신으로서 서울 지리를 잘 모르는 핸디캡에도 불구하고, 회사 내 20여 명의 기사 중에서 항상 고객에게서 가장 많은 팁을 받았습니다. 또한 시작한지 일주일도 되지 않은 시점에서 저를 지목하는 고객도 생겼습니다. 대리운전업계의 출혈경쟁으로 대부분의 기사들이 한 달에 10만 원의 팁도 받지 못하는 상황에서 저는 한 달 반 동안 200만 원의 팁을 받았습니다. 사장님을 비롯한 모든 사람들이 그 비결을 궁금해하였는데, 그 비결은 바로 고객의 이야기를 귀 기울여 들었다는 것입니다. 돈으로는 살 수 없는 값진 경험을 하기 위해 대리운전을 하면서 인생의 선배인 다양한 고객의 말은 무엇보다 소중한 것이라 생각하여 값진 교훈으로 삼으려고 주의 깊게 들었는데, 그러한 태도가 고객들을 감동시켰던 것입니다. 고객들은 저의 태도에 감동하여 마음을 열고 지갑을 열어 저에게 많은 팁을 주었던 것입니다. 이러한 상대방의 마음을 여는 능력은 영업의 기본이라 생각합니다.

2. 자신의 성격에 대하여(강점, 약점)

항상 좋은 성과를 거두는 우리 팀

제 성격의 장점은 솔선수범을 바탕으로 한 책임감과 리더십이 강하다는 것입니다. 대학생활을 하면서 적게는 서너 명, 많게는 예닐곱 명 정도의 학생들이 한 팀을 이루어 작업을 하는 경우가 자주 있습니다. 대부분의 학생들은 책임감에 대한 부담으로 팀장을 하지 않으려는 경향이 있습니다. 하지만 저는 그러한 팀장의 지위를 마다하지 않고 받아들입니다. 그리고 제가 이끄는 팀이나 소속된 팀은 항상 좋은 성과를 거둡니다. 그 이유는 제가 책임감을 가지고 솔선수범하여 팀원들이 재능을 100퍼센트 발휘하도록 하기 때문입니다. 이렇게 팀원들의 업무에 대한 동기부여를 일으키는 저의 장점은 회사에서 팀원의 능력을 극대화시켜 어떤 일이든지 주어진 기한 내에 멋지게 완성할 수 있을 것입니다.

제 성격의 단점은 사소한 일에도 신경을 쓴다는 것입니다. 실연을 당한 친구의 이성문제부터 시작해서, 당구장 주인 형의 아기가 잘 크고 있는지에 이르기까지 세상의 모든 일에 관심을 가진다는 것입니다. 직무수행시 이러한 관심은 상대방에게 불필요한 간섭으로 여겨질 수 있기에, 저는 상대방이 세심한 배려라고 느끼게끔 하는 선을 지키려고 노력하고 있습니다.

3. 학교생활에 대하여 (동아리 · 학회 · 리더경험)

축구선수 박지성과 같은 멀티 플레이어

2002년, 대한민국 국민임을 자랑스럽게 느낄 수 있도록 한 월드컵은 제게도 많은 것을 생각하게 하였습니다. 다양한 성공요인 중에서 제가 주목한 것은 명장 히딩크 감독이 키운 멀티 플레이어 박지성 선수였습니다. 그라운드 어디에서나 주어진 역할을 해내는 박지성 선수를 보고 저도 영업전선 어디에서나 주어진 역할을 해내는 멀티 플레이어가 되고자 다짐했습니다.

우선, 인간관계의 기본이 되는 인간 커뮤니케이션과 현대 사회에 엄청난 영향을 미치고 있는 매스커뮤니케이션에 대해 알고자 신문방송학을 전공하였습니다. 다음으로, 제가 일하게 될 기업과 기업 관련 활동에 대해 알고자 경영학을 전공하였습니다. 마지막으로, 오늘날의 다양한 국내외 사회현상과 국제관계는 경제적인 문제들을 중심으로 형성된 것에 주목하여 경제학을 전공하였습니다.

회사에서 추진 중인 어떤 프로젝트가 신문방송학적 지식, 경영학적 지식과 경제학적 지식이 모두 요구되는 경우 각각의 지식을 보유하고 있는 사람들을 따로 고용하는 경우 많은 비용이 발생합니다. 하지만 이러한 경우에 제가 그 프로젝트를 담당하게 된다면 회사의 입장에서는 총비용을 감소시킬 수 있을 것입니다.

4. 지원동기 및 입사 후 포부

진정한 사나이 GS건설인

저는 사나이로 태어나서 사나이답게 살고 싶기에 건설업에 종사하고 싶습니다. 많은 건설회사 중에서도 크리에이티브 솔루션을 통해 공간가치를 극대화함으로써 고객과 임직원, 투자자와 인류사회로부터 신뢰받는 최고의 파트너, 1등 기업이 되기 위해 노력하는 GS건설을 위해서 제 열정을 태우고 싶기에 이렇게 지원합니다.

최고의 능력을 지닌 사람들로 구성된 팀을 최고로 잘 조율하는 팀장

10년 후 저는 건설영업 부문에서 최고로 인정받는 사람이 되고 싶습니다. 하지만 제 자신의 능력이 최고라고 인정받기보다는 최고의 능력을 지닌 사람들로 구성된 팀을 최고로 잘 조율하는 팀장으로 인정받고 싶습니다. 지금과 같은 급변하는 환경에서 한 개인의 능력이 뛰어나다고 해도 모든 문제를 혼자서 해결할 수는 없을 것입니다. 저는 개인의 능력에 대한 적절한 파악으로 업무의 적절한 분담을 통해서 각 개인에게 적절한 책임과 권한을 양도해서 최고의 성과를 거두는 팀을 이끌고 싶습니다. 10년 후 GS건설이 명실상부한 세계 제일의 기업의 위치에 섰을 때, 그 위치에 서기까지 영업 부문에서 커다란 공헌을 하는 영업팀을 이끄는 팀장으로 존재할 것입니다.

:: 인적성 검사, 1차 면접

GS건설의 경우 서류전형 통과 후 인적성 검사를 한다. 인적성 검사는 무난하고 인적성 검사 합격자를 대상으로 1차 면접전형을 본다. 1차 면접은 PT면접과 영어면접이다. 영어면접은 외국인 면접관과 일대일로 간단히 대화를 하는 것으로 진행된다. 주어진 그림에 대해서 간단히 설명하고, 어제 저녁에 무엇을 했으며, 무엇을 먹었는지 등과 같은 간단한 대화 수준을 체크한다.

PT면접은 10개의 주제가 주어지는데 그중 하나를 선택하여 발표를 하는 것이다. 주제는 발표시간 30분 전쯤에 주어지고 주제별로 상중하 난이도가 구분되어 난이도별 가점이 있다고 하였다. 주제의 난이도는 높은 편이다. 주어진 주제 중 대부분의 주제로 발표하기가 어려웠는데 다행히 아는 주제가 하나 있어서 그 주제로 발표를 하였다.

GS건설 아파트의 브랜드인 자이를 대상 고객별로 세분화하는 전략을 사용하면 좋을 것이라는 발표를 하였는데, 지금 돌이켜보면 당시 그 어떤 면접관도 나의 의견에 동의하지 않았을 것이라는 생각이 든다.

면접에 있어서 해당 주제나 질문에 대해서 얼마나 잘 아는지도 중요하겠지만, 더욱 중요한 것은 어떤 태도를 가지고 대응는지에 달린 것 같다. 당시 나는 건설업 종사자의 시각에서 보면 말도 안 되는 주장을 하였지만, 자신감 있고 여유 있는 발표 태도 덕분에 합격할 수 있었던 것 같다.

:: 2차 면접

임원면접으로 면접관 5명과 지원자 5명으로 진행되었다. 인성면접으로 자기소개를 한 후 가벼운 질문으로 진행되었다. 자기소개를 하고 공통적으로 존경하는 정치인에 대한 질문이 있었다. 나는 우리나라 독립을 위해 노력하신 김구 선생님이라고 대답하였다. 그 후 나에겐 질문이 없었다. 자기소개를 할 때 면접관들의 호의를 느꼈다고 생각했는데, 20분 남짓한 시간 동안 질문을 받지 못하니까 다소 당황스러웠다. 면접 종료 직전에 면접관이 마지막으로 하고 싶은 이야기가 있으면 하라고 하였다.

그 기회를 놓치지 않고, "오늘 제가 이 자리에서 많은 것을 보여드리고 싶었는데, 질문이 없어서 그럴 기회가 없었다는 것이 안타깝습니다. 나중에 회사에 입사해서 많은 것을 보여드리겠습니다"라고 이야기하였다. 면접관 중 한 분이 "꼭 질문을 많이 받는다고 좋은 것은 아니지"라는 의미심장한 이야기를 하였고, 난 희망을 가질 수 있었다. 결과는 합격이었다.

Tip;

GS건설의 사업 부문은 크게 6가지로 구분할 수 있다.

1. 토목
도로/교량/철도, 지하공간, 항만시설

2. 플랜트
정유 & 가스 플랜트, 석유화학 플랜트

3. 환경
폐수처리, 폐기물처리

4. 건축
업무시설, 교육/연구/병원시설, 문화/레저/스포츠, 클린룸/생산시설, 물류
/리모델링

5. 주택
아파트, 주상복합, 오피스텔

6. 발전
복합화력/화력, 열병합/지역난방, 원자력

15장; 두산 인프라코어 해외영업

:: 자기소개서

200만 원의 팁을 받은 대리운전 기사

저는 상대방의 마음을 여는 능력이 있습니다. 이는 2003년 여름방학에 인생 경험을 하고자 한 대리운전 아르바이트에서 잘 드러납니다. 부산 출신으로서 서울 지리를 잘 모르는 핸디캡에도 불구하고, 회사 내 20여 명의 기사 중에서 항상 고객에게서 가장 많은 팁을 받았습니다. 대부분의 기사들이 한 달에 10만 원의 팁도 받지 못하는 상황에서 저는 한 달 반 동안 200만 원의 팁을 받았습니다. 그 비결은 바로 고객의 이야기를 귀 기울여 들었다는 것입니다. 돈으로는 살 수 없는 값진 경험을 하기 위해 대리운전을 하면서 인생의 선배인 다양한 고객이 하는 말은 무엇보다 소중한 것이라 생각하여 값진 교훈으로 삼으려고 주의 깊게 들었는데, 그러한 태도가 고객들을 감동시켰던 것입니다. 고객들은 저의 태도에 감동하여 마음을 열고 지갑을 열어 저에게 많은 팁을 주었던 것입니다. 이러한 상대방의 마음을 여는 능력은 국내외를 막론한 영업의 기본이라 생각합니다.

수차례의 금연 실패

저는 의지가 강하다는 것에 자부심을 느끼고 살았습니다. 하지만 수차례의 금연 시도가 실패로 돌아갔을 때, 저는 제 의지의 나약함에 부끄러움을 느꼈습니다. 청소년 시절에 또래 친구들과 어울리며 호기심에서 차원에서 한두 번 피우던 담배가, 군 입대 후에는 하루에 한 갑 정도는 꼭 피우는 필수품으로 변했습니다. 특히 화장실에서 용변을 볼 때 담배를 피는 습관을 가져서 담배가 없이는 제대로 용변을 보지 못하였습니다.

수차례의 실패를 경험하고 나서야 하루에 피는 담배의 양을 차츰 줄이고, 물을 많이 마시는 등의 다양한 생활 습관을 조절해서 결국에는 2005년 1월 1일부로 담배를 끊었습니다. 결국 성공하기는 했지만 수차례의 금연 실패는 저에게 쉽게 생각하던 일이라도 어려울 수도 있다는 사실을 깨닫게 해주었습니다.

도서관과 스포츠

저는 2004년 9월부터 2005년 6월까지 9개월간 미국 샌프란시스코에서 어학연수를 하였습니다. 어학 수업이 끝나면 친구들과 수영, 축구, 탁구, 농구, 웨이트 트레이닝 등의 각종 스포츠를 즐겼습니다. 한 친구는 영어공부를 하러 미국에 왔기에 영어공부를 열심히 해야 한다며 항상 도서관에서 공부만 하였습니다. 저는 그 친구에게 도서관에서 영어공부를 할 것이면, 왜 미국까지 왔냐고 충고하였고 친구는 제게 놀지 말고 공부하라고 충고하였습니다. 저는 그 친구와 커피 한 잔 하며 대화를 통해서 갈등을 해소하였습니다. 친구들과 스포츠를 즐기는 것은 현실에서 정말 필요한 영어를 배우는 하나의 방법이지 않겠느냐고 친구에게 이야기하였고, 친구도 가끔 도서관에서 공부하는 것도 정말 유익하다고 이야기했습니다. 그 후 그 친구와 저는 낮에 함께 스포츠를 즐기고 밤에 도서관에서 공부하는 친한 친구가 되었습니다.

최고의 능력을 지닌 사람들로 구성된 팀을 최고로 잘 조율하는 팀장

10년 후 저는 두산인프라코어 해외영업 부문에서 최고로 인정받는 사람이 되고 싶습니다. 하지만 제 자신의 능력이 최고라고 인정받기보다는 최고의 능력을 지닌 사람들로 구성된 팀을 최고로 잘 조율하는 팀장으로 인정받고 싶습니다. 지금과 같은 급변하는 환경에서 한 개인의 능력이 뛰어나다고 해도 모든 문제를 혼자서 해결할 수는 없을 것입니다. 저는 개인의 능력에 대한 적절한 파악으로 업무의 적절한 분담을 통해서 각 개인에게 적절한 책임과 권한을 양도해서 최고의 성과를 거두는 팀을 이끌고 싶습니다. 10년 후 두산인프라코어가 명실상부한 세계 제일의 기업의 위치에 섰을 때, 그 위치에 서기까지 해외영업 부문에서 커다란 공헌을 하는 해외영업팀을 이끄는 팀장으로 존재할 것입니다.

소주 한 병의 원 샷

대학에 입학해서 친구들과 빨리 친해지고 싶었습니다. 친구들에게 저의 존재를 확실하게 알리기 위해서 강촌으로 떠난 1박 2일의 오리엔테이션에서의 술자리에서 소주 한 병을 한 번에 마셨습니다. 이 창의적인 아이디어로 순식간에 저의 이름을 모든 동기와 선배들에게 각인시켰습니다.

소주 5병의 주량과 이삼일의 철야작업

저는 강인한 체력과 정신력을 가지고 있습니다. 타고난 기초 체력과 꾸준한 운동으로 단련된 신체와 정신이 소주 5병을 마셔도 평상시와 크게 다르지 않은 모습을 유지하게 합니다. 그리고 이삼일은 잠을 자지 않고 철야작업을 하여도 평상시와 다르지 않게 생활이 가능합니다. 더구나 보통 사람에게는 무리라고 생각되는 그러한 일들을 오히려 즐기며 합니다. 업무상 술자리를 가질 수도 있고, 업무가 특정한 날에 편중될 경우도 있을 것입니다. 저는 강인한 체력과 정신력으로 그러한 시기에 두산인프라코어에 더욱 도움이 될 것입니다.

옥이

제가 가진 여러 가지 별명 중 가장 많이 애용되는 별명은 '옥이' 입니다. 제 이름인 '정병옥' 에서 마지막 글자를 딴 것입니다. 어렸을 때부터 제 이름이 불릴 일이 많았습니다. 특히 항상 친구들과 어울려 노는 곳에 빠지지 않았기 때문에 동네에서 언제 어디서나 제 이름이 불렸습니다. 저를 부르는 친구들과 동네 어르신들께서는 부를 일이 워낙 잦다 보니 정병옥 혹은 병옥이 아닌 옥이라고 부르게 되었습니다. 다소 여성스러운 느낌이 있었기에, 어렸을 적에는 이 별명이 그리 좋지만은 않았습니다. 하지만, 상대방이 저를 편안하게 느끼기에 사용하는 별명이고, 이 별명으로 인해서 상대방과 더욱 쉽게 친밀해진다는 것을 깨달았기에, 요즘은 자랑스럽게 여기는 별명입니다.

:: 인적성 검사

두산 그룹 인적성 검사의 특이점은 한자 시험이 있다는 것이다. 별다른 걱정 없이 시험장에 도착하였고, 인적성 검사를 무난하게 하였는데, 마지막 시간에 한자시험 문제지를 받고는 너무 당황하였다. 아는 문제가 반도 없었다.

두산의 한자시험은 평범한 대학생을 기준으로 할 때 공부를 하지 않으면 합격할 수 없는 수준인 것 같다. 한자능력검증시험 2급 자격증을 취득할 정도라면 걱정 없는 수준이라고 하는데, 나도 평소에 생활을 하면서 한자를 읽는 데 크게 불편함을 느끼는 정도는 아니었음에도 너무 어려웠다. 한자는 알아두면 평생 유익하니까, 취업 준비시 공부를 해두면 많은 도움이 될 것 같다.

인적성 검사 결과 불합격하였는데, 원인은 한자시험의 성적이 아주 저조했기 때문인 듯했다.

두산그룹

두산그룹의 계열사는 크게 2가지 부문으로 구분할 수 있다.

1. 인프라스트럭처 서포트 비즈니스(Infrastructure Support Business)
두산중공업, 두산인프라코어, 두산건설, 두산엔진, 두산메카텍, 두산모트룸, 렉스콘

2. 컨수머 앤드 서비스 비즈니스(Consumer and Service Business)
(주)두산(전자, 의류, 테크팩, 출판, 주류, 정보통신, 글로넷, 관리본부), 오리콤, 두산매거진, SRS Korea, 두산타워, 두산생물자원, 삼화왕관, 두산베어스, 두산캐피털, 엔셰이퍼, 두산신용협동조합, 연강재단

16장; 면접 불참 회사

: : 아모레 퍼시픽(태평양) 영업 – 자기소개서

1. 태평양에 입사 지원하게 된 동기 및 귀하가 지원한 직무를 성공적으로 수행할 수 있다고 생각하는 이유를 서술하시오(1,200 byte 미만).

200만 원의 팁을 받은 대리운전 기사

제가 지원한 직무는 영업입니다. 지원한 직무를 성공적으로 수행할 수 있다고 생각하는 이유는 저는 상대방의 마음을 여는 능력이 있기 때문입니다. 이는 2003년 여름방학에 인생 경험을 하고자 한 대리운전 아르바이트에서 잘 드러납니다. 부산 출신으로서 서울 지리를 잘 모르는 핸디캡에도 불구하고, 회사 내 20여 명의 기사 중에서 항상 고객에게서 가장 많은 팁을 받았습니다. 대리운전업계의 출혈경쟁으로 대부분의 기사들이 한 달에 10만 원의 팁도 받지 못하는 상황에서 저는 한 달 반 동안 200만 원의 팁을 받았습니다. 사장님을 비롯한 모든 사람들이 그 비결을 궁금해하였는데, 그 비결은 바로 고객의 이야기를 귀 기울여 들었다는 것입니다. 돈으로는 살 수 없는 값진 경험을 하기 위해 대리운전을 하면서 인생의 선배인 다양한 고객이 하는 말은 무엇보다 소중한 것이라 생각하여 값진 교훈으로 삼으려고 주의 깊게 들었는데, 그러한 태도가 고객들을 감동시켰던 것입니다. 고객들은 저의 태도에 감동하여 마음을 열고 지갑을 열어 저에게 많은 팁을 주었던 것입니다. 상대방의 마음을 여는 능력은 영업의 기본이라 생각합니다.

2. '아름다움과 건강'에 대해 귀하가 생각하는 정의는 무엇이며, 왜 그렇게 생각하는지 서술하시오(1,200 byte 미만).

건강한 것이 아름다운 것이다

저는 건강한 것이 아름다운 것이라고 생각합니다. 몸짱 아줌마부터 시작해서 권상우에 이르기까지 몸짱이 하나의 트렌드가 된 것은 건강한 것이 아름다운 것이라고 생각하는 것이 공감을 얻고 있다는 것을 반증합니다.

삶의 질은 근육의 양에 비례한다

'삶의 질은 근육의 양에 비례한다'는 표어는 제가 소속된 교내 웨이트 트레이닝 동아리인 근육을 사랑하는 사람들의 모임의 표어입니다.

저는 강인한 체력과 정신력을 가지고 있습니다. 타고난 기초 체력과 꾸준한 운동으로 단련된 신체와 정신이 소주 5병을 마셔도 평상시와 크게 다르지 않은 모습을 유지하게 합니다. 그리고 이삼일은 잠을 자지 않고 철야작업을 하여도 평상시와 다르지 않게 생활이 가능합니다. 더구나 보통 사람에게는 무리라고 생각되는 그러한 일들을 오히려 즐기며 합니다. 회사에서 영업을 담당하면 업무상 술자리를 가질 수도 있고, 업무가 특정한 날에 편중될 경우도 있을 것입니다. 저는 강인한 체력과 정신력으로 그러한 시기에 더욱 태평양에 도움이 될 것입니다.

3. 귀하가 팀의 일원이었던 경험(회사, 학교, 기타 과외 활동) 중에서, 팀 내의 다른 일원과 있었던 갈등에 대하여 서술하시오. 그러한 갈등에 대하여 어떻게 대처하였으며, 그 결과는 어떠하였는지 서술하시오 (1,200 byte 미만).

도서관과 스포츠

저는 2004년 9월부터 2005년 6월까지 9개월간 미국 샌프란시스코에서 어학연수를 하였습니다. 어학 수업이 끝나면 친구들과 수영, 축구, 탁구, 농구, 웨이트 트레이닝 등의 각종 스포츠를 즐겼습니다. 한 친구는 영어공부를 하러 미국에 왔기에 영어공부를 열심히 해야 한다며 항상 도서관에서 영어공부를 하였습니다. 저는 그 친구에게 도서관에서 영어공부를 할 것이면, 왜 미국까지 왔냐고 충고하였고 친구는 제게 놀지 말고 공부하라고 충고하였습니다. 저는 그 친구와 커피 한 잔 하며 대화를 통해서 갈등을 해소하였습니다. 친구들과 스포츠를 즐기는 것은 현실에서 정말 필요한 영어를 배우는 하나의 방법이지 않겠느냐고 친구에게 이야기하였고, 친구도 가끔 도서관에서 공부하는 것도 정말 유익하다고 이야기 했습니다. 그 후 그 친구와 저는 낮에 함께 스포츠를 즐기고 밤에 도서관에서 공부하는 친한 친구가 되었습니다.

4. 귀하가 소속된 조직에서(회사, 학교, 기타 과외 활동) 주도적으로 새로운 것을 도입하거나 변화를 일으킨 것에 대하여 서술하시오. 다른 사람들에게 어떤 영향을 미쳤는지, 그리고 그것을 위해 공헌한 귀하의 특성은 무엇인지 서술하시오(1,200 byte 미만).

축구선수 박지성과 같은 멀티 플레이어

2002년, 대한민국 국민임을 자랑스럽게 느낄 수 있도록 한 월드컵은 제게도 많은 것을 생각하게 하였습니다. 다양한 성공요인 중에서 제가 주목한 것은 명장 히딩크 감독이 키운 멀티 플레이어 박지성 선수였습니다. 그라운드 어디에서나 주어진 역할을 해내는 박지성 선수를 보고 저도 영업전선 어디에서나 주어진 역할을 해내는 멀티 플레이어가 되고자 다짐했습니다. 우선, 인간관계의 기본이 되는 인간 커뮤니케이션과 현대 사회에 엄청난 영향을 미치고 있는 매스커뮤니케이션에 대해 알고자 신문방송학을 전공하였습니다. 다음으로, 제가 일하게 될 기업과 기업 관련 활동에 대해 알고자 경영학을 전공하였습니다. 마지막으로, 오늘날의 다양한 국내외 사회현상과 국제관계는 경제적인 문제들을 중심으로 형성된 것에 주목하여 경제학을 전공하였습니다. 제가 경영, 경제, 신문방송 세 가지 학문을 전공하자, 다른 친구들도 적극적으로 복수전공을 하였습니다. 당시 복수전공을 하는 것을 망설이던 친구들도 저의 모습을 보고 복수전공을 선택하였습니다. 현재 그 친구들은 폭넓은 시야를 갖게 되었기에 당시의 선택에 만족하고 있습니다.

5. 최근 5년 동안에 귀하가 성취한 일 중에서 가장 자랑할 만한 것은 무엇입니까? 그것을 성취하기 위해 귀하는 어떤 일을 했습니까(1,200 byte 미만)?

19개국의 친구들이 인정한 아침을 여는 한국인

저는 2004년 9월부터 2005년 6월까지 9개월간 미국 샌프란시스코에서 어학연수를 하였습니다. 밀스 칼리지(Mills College)의 기숙사에서 생활하며 프랑스, 베네수엘라, 타이완 등 19개국의 친구들과 함께 영어 실력 향상을 위해서 노력했습니다. 제가 국가대표팀의 선수로 미국을 간

것은 아니지만, 저는 미국에서 세계 각국의 사람들에게 한국을 대표한다
는 마음가짐으로 성실함과 리더십 등 여러 면에서 모범적인 모습을 보이
고자 노력했습니다. 9개월의 기간 동안 매일 아침 6시에 일어나서 40분
가량 조깅을 하고 샤워 후 1시간 동안 책을 읽고 아침식사를 하였습니
다. 매주 금요일 저녁은 파티를 즐기느라 새벽 2시가 넘어서 잠을 청했
지만, 매일 아침 6시면 어김없이 조깅을 하였습니다. 영어 공부도 중요
하였지만, 저에게는 세계 각국의 친구들과 친해지는 것도 중요하였기에,
수업이 끝나면 친구들과 수영, 축구, 탁구, 농구, 웨이트 트레이닝 등의
각종 스포츠를 즐겼습니다. 샌프란시스코의 다양함을 직접 체험하기 위
해서 친구들과 샌프란시스코의 거리를 누비며 돌아다니기도 했습니다.
이러한 생활로 세계 19개국의 친구들에게 온갖 행사를 주도하여 즐기면
서도 가장 먼저 아침을 여는 멋진 녀석이라고 인정을 받았습니다. 일회
성이 아닌 장기간의 멋진 생활로 여러 나라의 친구들에게서의 인정을 받
았다는 것에 성취감을 느꼈습니다.

: : 대우 인터내셔널 해외영업 – 자기소개서

200만 원의 팁을 받은 대리운전 기사

저는 상대방의 마음을 여는 능력이 있습니다. 이는 2003년 여름방학

에 인생 경험을 하고자 한 대리운전 아르바이트에서 잘 드러납니다. 부산 출신으로서 서울 지리를 잘 모르는 핸디캡에도 불구하고, 회사 내 20여 명의 기사 중에서 항상 고객에게서 가장 많은 팁을 받았습니다. 대리운전업계의 출혈경쟁으로 대부분의 기사들이 한 달에 10만 원의 팁도 받지 못하는 상황에서 저는 한 달 반 동안 200만 원의 팁을 받았습니다. 그 비결은 바로 고객의 이야기를 귀 기울여 들었다는 것입니다. 돈으로는 살 수 없는 값진 경험을 하기 위해 대리운전을 하면서 인생의 선배인 다양한 고객이 하는 말은 무엇보다 소중한 것이라 생각하여 값진 교훈으로 삼으려고 주의 깊게 들었는데, 그러한 태도가 고객들을 감동시켰던 것입니다. 고객들은 저의 태도에 감동하여 마음을 열고 지갑을 열어 저에게 많은 팁을 주었던 것입니다. 상대방의 마음을 여는 능력은 국내외를 막론한 영업의 기본이라 생각합니다.

소주 5병의 주량과 이삼일의 철야작업

저는 강인한 체력과 정신력을 가지고 있습니다. 타고난 기초 체력과 꾸준한 운동으로 단련된 신체와 정신이 소주 5병을 마셔도 끄떡없는 강인한 체력을 가지고 있습니다. 그리고 이삼일 동안 잠을 자지 않고 철야작업을 하여도 평상시와 다르지 않게 생활이 가능합니다.

2002년, 대한민국 국민임을 자랑스럽게 느낄 수 있도록 한 월드컵은 제게도 많은 것을 생각하게 하였습니다. 다양한 성공요인 중에서 제가 주목한 것은 명장 히딩크 감독이 키운 멀티 플레이어 박지성 선수였습니다. 그라운드 어디에서나 주어진 역할을 해내는 박지성 선수를 보고 저도 언제 어디에서나 어떠한 역할도 해내는 멀티 플레이어가 되고자 다짐했습니다.

우선, 인간관계의 기본이 되는 인간 커뮤니케이션과 현대 사회에 엄청난 영향을 미치고 있는 매스커뮤니케이션에 대해 알고자 신문방송학을 전공하였습니다. 다음으로, 제가 일하게 될 기업과 기업관련 활동에 대해 알고자 경영학을 전공하였습니다. 마지막으로, 오늘날의 다양한 국내외 사회현상과 국제관계는 경제적인 문제들을 중심으로 형성된 것에 주목하여 경제학을 전공하였습니다.

회사에서 추진 중인 어떤 프로젝트가 신문방송학적 지식, 경영학적 지식과 경제학적 지식이 모두 요구되는 경우 각각의 지식을 보유하고 있는 사람들을 모두 고용하는 경우 많은 비용이 발생합니다. 하지만, 이러한 경우에 제가 그 프로젝트를 담당하게 된다면 회사의 입장에서는 총비용을 감소시킬 수 있을 것입니다.

저는 어떤 현상이라도 철저히 분석할 수 있는 분석력을 가지고 있습

니다. 이러한 예리한 시각은 2003년 9월부터 컨설팅 업체에 사례분석가로 일하면서 가질 수 있었습니다. 2년 이상 꾸준히 여러 가지 사례에 대한 분석을 하고 보고서를 작성하는 과정을 통해서 비즈니스 전반에 대한 분석력을 가질 수 있었습니다. 입사 후 회사에서 해외영업 환경을 분석하고 그에 따른 수요를 예측하고, 과거의 데이터를 분석하여 미래의 해외영업 전략을 수립하는 데 저의 이러한 분석력이 빛을 발휘할 것입니다.

대우맨이라는 이름의 프라이드

2000년 12월 대우인터내셔널이 (주)대우로부터 분리될 당시 부채비율은 940%에 다다랐고 채무액은 1조 3천억 원을 넘었습니다. 하지만 현재는 완전 정상화되었을 뿐만 아니라 초우량 글로벌 기업으로 거듭났습니다. 그 이유는 인재사관학교라고 불리는 대우맨의 명예를 회복하기 위해서 모든 임직원이 일심단결하여 노력하였기 때문이라고 들었습니다. 저는 무한한 도전을 하는 상사맨이 되고 싶습니다. 하지만 평범한 상사맨이 아닌 대우맨이라는 프라이드를 가진 상사맨이 되고 싶기에 이렇게 대우인터내셔널에 지원합니다.

최고의 능력을 지닌 사람들로 구성된 팀을 최고로 잘 조율하는 팀장

10년 후 저는 해외영업 부문에서 최고로 인정받는 사람이 되고 싶습니다. 하지만 제 자신의 능력이 최고라고 인정받기보다는 최고의 능력을 지닌 사람들로 구성된 팀을 최고로 잘 조율하는 팀장으로 인정받고 싶습니다. 지금과 같은 급변하는 환경에서 한 개인의 능력이 뛰어나다고 해도 모든 문제를 혼자서 해결할 수는 없을 것입니다. 저는 개인의 능력에 대한 적절한 파악으로 업무의 적절한 분담을 통해서 각 개인에게 적절한 책임과 권한을 양도해서 최고의 성과를 거두는 팀을 이끌고 싶습니다. 10년 후 대우인터내셔널이 명실상부한 세계 제일의 기업의 위치에 섰을 때, 그 위치에 서기까지 해외영업 부문에서 커다란 공헌을 하는 팀을 이끄는 팀장으로 존재할 것입니다.

항상 좋은 성과를 거두는 우리 팀

제 성격의 장점은 솔선수범을 바탕으로 한 책임감과 리더십이 강하다는 것입니다. 대학생활을 하면서 적게는 서너 명, 많게는 예닐곱 명 정도의 학생들이 한 팀을 이루어 작업을 하는 경우가 자주 있습니다. 대부분의 학생들은 책임감에 대한 부담으로 팀장을 하지 않으려는 경향이 있습니다. 하지만 저는 그러한 팀장의 지위를 마다하지 않고 받아들입니다. 그리고 제가 이끄는 팀이나 소속된 팀은 항상 좋은 성과를 거둡니다. 그 이유는 제가 책임감을 가지고 솔선수범하여 팀원들이 재능을 100퍼센트 발휘하도록 하기 때문입니다. 이렇게 팀원들의 업무에 대한 동기부여를 일으키는 저의 장점은 회사에서 팀원의 능력을 극대화시켜 어떤 일이든지 주어진 기한 내에 멋지게 완수할 수 있을 것입니다.

:: 한화종합화학 해외영업 - 자기소개서

축구선수 박지성과 같은 멀티 플레이어

2002년, 대한민국 국민임을 자랑스럽게 느낄 수 있도록 한 월드컵은 제게도 많은 것을 생각하게 하였습니다. 다양한 성공요인 중에서 제가 주목한 것은 명장 히딩크 감독이 키운 멀티 플레이어 박지성 선수였습니다. 그라운드 어디에서나 주어진 역할을 해내는 박지성 선수를 보고 저도 언제 어디에서나 맡은 역할을 해내는 멀티 플레이어가 되고자 다짐했습니다.

우선, 인간관계의 기본이 되는 인간 커뮤니케이션과 현대 사회에 엄청난 영향을 미치고 있는 매스커뮤니케이션에 대해 알고자 신문방송학을 전공하였습니다. 다음으로, 제가 일하게 될 기업과 기업 관련 활동에 대해 알고자 경영학을 전공하였습니다. 마지막으로, 오늘날의 다양한 국내외 사회현상과 국제관계는 경제적인 문제들을 중심으로 형성된 것에 주목하여 경제학을 전공하였습니다.

제가 가진 이러한 멀티 플레이어의 능력을 한화무역에서 100% 발휘하여 한화무역이 세계 제일의 기업이 되는 데 기여하고 싶습니다.

200만 원의 팁을 받은 대리운전 기사

저는 상대방의 마음을 여는 능력이 있습니다. 이는 2003년 여름방학

에 인생 경험을 하고자 한 대리운전 아르바이트에서 잘 드러납니다. 부산 출신으로서 서울 지리를 잘 모르는 핸디캡에도 불구하고, 회사 내 20여 명의 기사 중에서 항상 고객에게서 가장 많은 팁을 받았습니다. 사장님을 비롯한 모든 사람들이 그 비결을 궁금해하였는데, 그 비결은 바로 고객의 이야기를 귀 기울여 들었다는 것입니다. 돈으로는 살 수 없는 값진 경험을 하기 위해 대리운전을 하면서 인생의 선배인 다양한 고객이 하는 말은 무엇보다 소중한 것이라 생각하여 값진 교훈으로 삼으려고 주의 깊게 들었는데, 그러한 태도가 고객들을 감동시켰던 것입니다. 고객들은 저의 태도에 감동하여 마음을 열고 지갑을 열어 저에게 많은 팁을 주었던 것입니다. 이러한 상대방의 마음을 여는 능력은 국내외를 막론한 영업의 기본이라 생각합니다.

항상 좋은 성과를 거두는 우리 팀

제 성격의 장점은 솔선수범을 바탕으로 책임감과 리더십이 강하다는 것입니다. 제가 이끄는 팀이나 소속된 팀은 항상 좋은 성과를 거둡니다. 그 이유는 제가 책임감을 가지고 솔선수범하여 팀원들이 재능을 100퍼센트 발휘하도록 하기 때문입니다. 이렇게 팀원들의 업무에 대한 동기부여를 일으키는 저의 장점은 회사에서 팀원의 능력을 극대화시켜 어떤 일이든지 주어진 기한 내에 멋지게 완성할 수 있을 것입니다.

세상의 모든 일에 대한 관심

제 성격의 단점은 사소한 일에도 신경을 쓴다는 것입니다. 실연을 당한 친구의 이성문제부터 시작해서, 당구장 주인 형의 아기가 잘 크고 있는지에 이르기까지 세상의 모든 일에 관심을 가진다는 것입니다. 직무수행시 이러한 관심은 상대방에게 불필요한 간섭으로 여겨질 수 있기에, 저는 상대방이 세심한 배려라고 느끼게끔 하는 선을 지키려고 노력하고 있습니다.

19개국의 친구들이 인정한 아침을 여는 한국인

저는 2004년 9월부터 2005년 6월까지 미국 샌프란시스코에서 어학연수를 하였습니다. 밀스 칼리지(Mills College)의 기숙사에서 생활하며 프랑스, 베네수엘라 등 19개국의 친구들과 함께 영어 실력 향상을 위해서 노력했습니다. 제가 국가대표팀의 선수로 미국을 간 것은 아니지만, 저는 미국에서 세계 각국의 사람들에게 한국을 대표한다는 마음가짐으로 성실함과 리더십 등 여러 면에서 모범적인 모습을 보이고자 노력했습니다.

9개월의 기간 동안 매일 아침 6시에 일어나서 40분가량 조깅을 하고 샤워 후 1시간 동안 책을 읽고 아침식사를 하였습니다. 영어 공부도 중요하였지만, 저에게는 세계 각국의 친구들과 친해지는 것도 중요하였기에, 수업이 끝나면 친구들과 수영, 축구 등 각종 스포츠를 즐겼습니다. 이러한 생활로 세계 19개국의 친구들에게 온갖 행사를 주도하여 즐기면서도 가장 먼저 아침을 여는 멋진 녀석이라고 인정을 받았습니다.

최고의 능력을 지닌 사람들로 구성된 팀을 최고로 잘 조율하는 팀장

10년 후 저는 해외영업 부문에서 최고로 인정받는 사람이 되고 싶습니다. 하지만 제 자신의 능력이 최고라고 인정받기보다는 최고의 능력을 지닌 사람들로 구성된 팀을 최고로 잘 조율하는 팀장으로 인정받고 싶습니다. 지금과 같은 급변하는 환경에서 한 개인의 능력이 뛰어나다고 해도 모든 문제를 혼자서 해결할 수는 없을 것입니다. 저는 개인의 능력에 대한 적절한 파악으로 업무의 적절한 분담을 통해서 각 개인에게 적절한 책임과 권한을 양도해서 최고의 성과를 거두는 팀을 이끌고 싶습니다. 10년 후 한화무역이 명실상부한 세계 제일의 기업의 위치에 섰을 때, 그 위치에 서기까지 해외영업 부문에서 커다란 공헌을 하는 팀을 이끄는 팀장으로 존재할 것입니다.

:: 푸르덴셜투자증권 영업 – 자기소개서

200만 원의 팁을 받은 대리운전 기사

저는 상대방의 마음을 여는 능력이 있습니다. 이는 2003년 여름방학에 인생 경험을 하고자 한 대리운전 아르바이트에서 잘 드러납니다. 부산 출신으로서 서울 지리를 잘 모르는 핸디캡에도 불구하고, 회사 내 20여 명의 기사 중에서 항상 고객에게서 가장 많은 팁을 받았습니다. 또한 시작한지 일주일도 되지 않은 시점에서 저를 지목하는 고객도 생겼습니다. 대리운전업계의 출혈경쟁으로 대부분의 기사들이 한 달에 10만 원의 팁도 받지 못하는 상황에서 저는 한 달 반 동안 200만 원의 팁을 받았습니다. 사장님을 비롯한 모든 사람들이 그 비결을 궁금해하였는데, 그 비결은 바로 고객의 이야기를 귀 기울여 들었다는 것입니다. 돈으로는 살 수 없는 값진 경험을 하기 위해 대리운전을 하면서 인생의 선배이신 다양한 고객이 하는 말은 무엇보다 소중한 것이라 생각하여 값진 교훈으로 삼으려고 주의 깊게 들었는데, 그러한 태도가 고객들을 감동시켰던 것입니다. 고객들은 저의 태도에 감동하여 마음을 열고 지갑을 열어 저에게 많은 팁을 주었던 것입니다. 상대방의 마음을 여는 능력은 증권 영업의 기본이라 생각합니다.

항상 좋은 성과를 거두는 우리 팀

제 성격의 장점은 솔선수범을 바탕으로 한 책임감과 리더십이 강하다는 것입니다. 이렇게 팀원들의 업무에 대한 동기부여를 일으키는 저의 장점은 푸르덴셜투자증권에서 팀원의 능력을 극대화시켜 어떤 일이든지 주어진 기한 내에 멋지게 완성할 수 있을 것입니다.

축구선수 박지성과 같은 멀티 플레이어

2002년, 대한민국 국민임을 자랑스럽게 느낄 수 있도록 한 월드컵은 제게도 많은 것을 생각하게 하였습니다. 다양한 성공요인 중에서 제가 주목한 것은 명장 히딩크 감독이 키운 멀티 플레이어 박지성 선수였습니다. 그라운드 어디에서나 주어진 역할을 해내는 박지성 선수를 보고 저도 언제 어디에서나 맡은 역할을 해내는 멀티 플레이어가 되고자 다짐했습니다.

우선, 인간관계의 기본이 되는 인간 커뮤니케이션과 현대 사회에 엄청난 영향을 미치고 있는 매스커뮤니케이션에 대해 알고자 신문방송학을 전공하였습니다. 다음으로, 제가 일하게 될 국민은행과 은행 관련 활동에 대해 알고자 경영학을 전공하였습니다. 마지막으로, 오늘날의 다양한 국내외 사회현상과 국제관계는 경제적인 문제들을 중심으로 형성된 것에 주목하여 경제학을 전공하였습니다.

제가 가진 이러한 멀티 플레이어의 능력이 가장 필요한 직업은 다양한 고객을 만나야 하는 증권회사의 영업이라고 생각합니다. 더구나 평범한 증권회사가 아닌 한국 증권을 선도하는 푸르덴셜투자증권에서의 영업은 저의 멀티 플레이어로서의 능력을 100% 발휘할 수 있는 분야라고 생각합니다. 저의 능력을 푸르덴셜투자증권이 국내 제일의 증권회사를 넘어서 세계 제일의 증권회사로 거듭나는 데 기여하고자 이렇게 지원합니다.

10년 후 저는 증권영업 부문에서 최고로 인정받는 사람이 되고 싶습니다. 하지만 제 자신의 능력이 최고라고 인정받기보다는 최고의 능력을 지닌 사람들로 구성된 팀을 최고로 잘 조율하는 팀장으로 인정받고 싶습니다. 지금과 같은 급변하는 환경에서 한 개인의 능력이 뛰어나다고 해도 모든 문제를 혼자서 해결할 수는 없을 것입니다. 저는 개인의 능력에 대한 적절한 파악으로 업무의 적절한 분담을 통해서 각 개인에게 적절한 책임과 권한을 양도해서 최고의 성과를 거두는 팀을 이끌고 싶습니다. 10년 후 푸르덴셜투자증권이 명실상부한 세계 제일의 기업의 위치에 섰을 때, 저는 푸르덴셜투자증권이 그 위치에 서기까지 영업 부문에서 커다란 공헌을 하는 영업팀을 이끄는 팀장으로 존재할 것입니다.

끊임없는 노력

입사 후 1년차에는 우선 맡은 업무를 능숙하게 할 수 있도록 최선을 다하겠습니다. 2년차에는 직장 동료들에게 도움이 되는 존재가 되겠습니다. 3년차에는 제가 가진 영업에 대한 노하우를 증권업에 접목시켜서 고객이 가장 상담하고 싶은 증권맨이 되겠습니다. 4년차에는 업무에 관한 전문지식을 갖추기 위해 노력하겠습니다. 5년차에는 제가 속한 팀이 최고의 실적을 내는 가시적인 성과를 내겠습니다. 6년차부터는 매너리즘에 빠지지 않고 이러한 노력이 끊임없이 이어지도록 최선을 다하겠습니다.

:: 면접 불참

아모레 퍼시픽, 대우 인터내셔널, 한화종합화학, 푸르덴셜투자증권
은 좋은 회사이고 더구나 지원한 업무도 매력적이어서 면접을 보고 싶었
지만, 면접전형이 학교시험 일정과 겹쳐서 면접전형에 참석하지 못했다.

17장; 롯데쇼핑 백화점 MD

: : 자기소개서

200만 원의 팁을 받은 대리운전 기사

저는 상대방의 마음을 여는 능력이 있습니다. 이는 2003년 여름방학에 인생 경험을 하고자 한 대리운전 아르바이트에서 잘 드러납니다. 부산 출신으로서 서울 지리를 잘 모르는 핸디캡에도 불구하고, 회사 내 20여 명의 기사 중에서 항상 고객에게서 가장 많은 팁을 받았습니다. 사장님을 비롯한 모든 사람들이 그 비결을 궁금해하였는데, 그 비결은 바로 고객의 이야기를 귀 기울여 들었다는 것입니다. 돈으로는 살 수 없는 값진 경험을 하기 위해 대리운전을 하면서 인생의 선배인 다양한 고객이 하는 말은 무엇보다 소중한 것이라 생각하여 값진 교훈으로 삼으려고 주의 깊게 들었는데, 그러한 태도가 고객들을 감동시켰던 것입니다. 고객들은 저의 태도에 감동하여 마음을 열고 지갑을 열어 저에게 많은 팁을 주었던 것입니다. 이러한 상대방의 마음을 여는 능력은 MD의 기본이라 생각합니다.

항상 좋은 성과를 거두는 우리 팀

제 성격의 장점은 솔선수범을 바탕으로 한 책임감과 리더십이 강하다는 것입니다. 제가 이끄는 팀이나 소속된 팀은 항상 좋은 성과를 거둡니다. 그 이유는 제가 책임감을 가지고 솔선수범하여 팀원들이 재능을 100퍼센트 발휘하도록 하기 때문입니다. 이렇게 팀원들의 업무에 대한 동기부여를 일으키는 저의 장점은 회사에서 팀원의 능력을 극대화시켜 어떤 일이든지 주어진 기한 내에 멋지게 완성할 수 있을 것입니다.

최고의 능력을 지닌 사람들로 구성된 팀을 최고로 잘 조율하는 팀장

10년 후 저는 MD부문에서 최고로 인정받는 사람이 되고 싶습니다. 하지만 제 자신의 능력이 최고라고 인정받기보다는 최고의 능력을 지닌 사람들로 구성된 팀을 최고로 잘 조율하는 팀장으로 인정받고 싶습니다. 지금과 같은 급변하는 환경에서 한 개인의 능력이 뛰어나다고 해도 모든 문제를 혼자서 해결할 수는 없을 것입니다. 저는 개개인의 능력을 적절히 파악하여 업무를 분담함으로써 각 개인에게 책임과 권한을 양도해서 최고의 성과를 거두는 팀을 이끌고 싶습니다. 10년 후 롯데쇼핑이 명실상부한 세계 제일의 기업의 위치에 섰을 때, 그 위치에 서기까지 MD부문에서 커다란 공헌을 하는 팀을 이끄는 팀장으로 존재할 것입니다.

:: 1차 면접

　롯데의 면접은 특이하게 진행되었다. 일대일 면접을 3차례 하였다. 한 방에서 면접이 끝나면 다른 방으로 이동해서 또 다른 면접관과 면접을 보는 방식으로 진행되었는데, 일반적인 면접과는 차이가 있기 때문에 마음의 준비가 있어야 할 것 같다. 면접관과 단 둘이기 때문에 목소리 톤이나 일반적인 면접에서 하는 것처럼 말투를 다소 딱딱하게 하기도 애매하고, 그렇다고 동네 아저씨와 이야기하는 것처럼 할 수도 없다. 나의 경우는 그냥 일반적인 면접장에서 하듯이 했고, 면접관이 편안하게 이야기하라고 말하면, 편하게 이야기하였다.

　각 면접관은 각기 다른 분야에 대해서 질문을 하였다. 첫 번째 면접관은 대학생활에 대해서 집중적으로 질문하였고, 두 번째 면접관은 지원직무에 대해서 집중적으로 질문하였으며, 마지막 면접관은 백화점업계에 대해서 집중적으로 질문하였다. 무난하게 면접이 진행되었고, 좋은 경험이었다.

:: 2차 면접

　롯데백화점의 2차 면접은 면접관 3명과 지원자 3명으로 진행되었다.

임원면접으로 간단한 자기소개 후 가벼운 질문으로 진행되었다. 무난한 면접이었기에 느낌이 좋았고 합격을 하였다.

롯데백화점 최종 면접에서 합격한 후 부모님이 계신 집으로 꽃 배달이 왔다. 입사를 하기로 결정한 곳이 롯데 백화점이 아니었기에 회사에 너무 미안하였다. 다른 회사에 입사하였지만, 원래 좋아하던 기업이었던 롯데에 대한 호의적인 감정이 더욱 커졌다.

롯데의 입장에서는 내가 입사 포기를 하였지만, 나 아닌 다른 지원자를 대신 뽑았을 것이고, 롯데를 사랑하는 한 고객을 얻었기에 내가 큰 잘못을 한 것은 아니라며 스스로를 위안하였다.

Tip;

롯데그룹은 크게 6가지 부문으로 구분할 수 있다.

1. 식품 부문
롯데제과, 롯데칠성음료, 롯데햄, 롯데삼강, 롯데리아 등

2. 유통/관광 부문
롯데호텔, 롯데면세점, 롯데백화점, 롯데마트, 롯데슈퍼 등

3. 중화학/건설기계 부문
호남석유화학, 케이피케미컬, 롯데건설, 롯데기공 등

4. 금융/정보통신/서비스 부문
롯데카드, 롯데캐피털, 롯데손해보험, 한국후지필름 등

5. 복지/연구/지원 부문
롯데중앙연구소, 롯데연수원, 롯데유통사업본부, 롯데장학재단 등

6. 글로벌 롯데
모스크바 롯데백화점, 중국&인도 롯데제과, 중국 롯데마트 등

18장; 대우증권 영업

소주 5병의 주량과 이삼일의 철야작업

저는 강인한 체력과 정신력을 가지고 있습니다. 타고난 기초 체력과 꾸준한 운동으로 단련된 신체와 정신이 소주 5병을 마셔도 평상시와 크게 다르지 않은 모습을 유지하게 합니다. 그리고 이삼일은 잠을 자지 않고 철야작업을 하여도 평상시와 다르지 않게 생활이 가능합니다. 더구나 보통 사람에게는 무리라고 생각되는 그러한 일들을 오히려 즐기며 합니다. 대우증권에서 증권영업을 담당하면 업무상 술자리를 가질 수도 있고, 업무가 특정한 날에 편중될 경우도 있을 것입니다. 저는 강인한 체력과 정신력으로 그러한 시기에 더욱 대우증권에 도움이 되기 위해 이렇게 지원합니다.

200만 원의 팁을 받은 대리운전 기사

저는 상대방의 마음을 여는 능력이 있습니다. 이는 2003년 여름방학

에 인생 경험을 하고자 한 대리운전 아르바이트에서 잘 드러납니다. 부
산 출신으로서 서울 지리를 잘 모르는 핸디캡에도 불구하고, 회사 내 20
여 명의 기사 중에서 항상 고객에게서 가장 많은 팁을 받았습니다. 또한
시작한지 일주일도 되지 않은 시점에서 저를 지목하는 고객도 생겼습니
다. 대리운전업계의 출혈경쟁으로 대부분의 기사들이 한 달에 10만 원
의 팁도 받지 못하는 상황에서 저는 한 달 반 동안 200만 원의 팁을 받았
습니다. 사장님을 비롯한 모든 사람들이 그 비결을 궁금해하였는데, 그
비결은 바로 고객의 이야기를 귀 기울여 들었다는 것입니다. 돈으로는
살 수 없는 값진 경험을 하기 위해 대리운전을 하면서 인생의 선배인 다
양한 고객이 하는 말은 무엇보다 소중한 것이라 생각하여 값진 교훈으로
삼고자 주의 깊게 들었는데, 그러한 태도가 고객들을 감동시켰던 것입니
다. 고객들은 저의 태도에 감동하여 마음을 열고 지갑을 열어 저에게 많
은 팁을 주었던 것입니다. 이러한 상대방의 마음을 여는 능력은 증권영
업의 기본이라 생각합니다.

최고의 능력을 지닌 사람들로 구성된 팀을 최고로 잘 조율하는 팀장

10년 후 저는 증권영업 부문에서 최고로 인정받는 사람이 되고 싶습
니다. 하지만 제 자신의 능력이 최고라고 인정받기보다는 최고의 능력을
지닌 사람들로 구성된 팀을 최고로 잘 조율하는 팀장으로 인정받고 싶습
니다. 지금과 같은 급변하는 환경에서 한 개인의 능력이 뛰어나다고 해

도 모든 문제를 혼자서 해결할 수는 없을 것입니다. 저는 개개인의 능력을 적절히 파악하여 업무를 분담함으로써 각 개인에게 적절한 책임과 권한을 양도해서 최고의 성과를 거두는 팀을 이끌고 싶습니다. 10년 후 대우증권이 명실상부한 세계 제일의 기업의 위치에 섰을 때, 저는 대우증권이 그 위치에 서기까지 영업 부문에서 커다란 공헌을 하는 영업팀을 이끄는 팀장으로 존재할 것입니다.

항상 좋은 성과를 거두는 우리 팀

제 성격의 장점은 솔선수범을 바탕으로 한 책임감과 리더십이 강하다는 것입니다. 대학생활을 하면서 적게는 서너 명, 많게는 예닐곱 명 정도의 학생들이 한 팀을 이루어 작업을 하는 경우가 자주 있습니다. 대부분의 학생들은 책임감에 대한 부담으로 팀장을 하지 않으려는 경향이 있습니다. 하지만 저는 그러한 팀장의 지위를 마다하지 않고 받아들입니다. 그리고 제가 이끄는 팀이나 소속된 팀은 항상 좋은 성과를 거둡니다. 그 이유는 제가 책임감을 가지고 솔선수범하여 팀원들이 재능을 100퍼센트 발휘하도록 하기 때문입니다. 이렇게 팀원들의 업무에 대한 동기부여를 일으키는 저의 장점은 회사에서 팀원의 능력을 극대화시켜 어떤 일이든지 주어진 기한 내에 멋지게 완성할 수 있을 것입니다.

제 성격의 단점은 사소한 일에도 신경을 쓴다는 것입니다. 직무수행 시 이러한 관심은 상대방에게 불필요한 간섭으로 여겨질 수 있기에, 저는 상대방이 세심한 배려라고 느끼게끔 하는 선을 지키려고 노력하고 있습니다.

:: 인적성 검사, 1차 면접

대우증권은 서류면접 합격자를 대상으로 인터넷으로 인적성 검사를 하였다. 면접을 할 때에는 인적성 검사결과와 상관없이 진행되고 면접 후 인적성 검사 결과가 아주 이상한 사람만 불합격시키는 식으로 진행된다고 하였다.

집에서 컴퓨터로 인적성 검사를 하였다. 중간쯤 풀었는데, 'yes'와 'no'를 반대로 체크하고 있는 것을 발견하였다. 깜짝 놀라서 이전 페이지로 돌아가서 다시 문제를 풀려고 했는데, 이전 페이지로 돌아갈 수가 없었다. 대우증권 인사팀 연락처로 전화를 해서 문제에 대해서 이야기를 했는데, 어쩔 수 없다는 대답만 돌아올 뿐이었다. 순간 화가 났지만 나의 잘못이기 때문에 포기하고 나머지 문제를 풀었다. 대우증권은 물 건너갔다고 생각하고 며칠 후 1차 면접을 봤다.

인적성 검사 때문에 어차피 불합격할 것이라고 생각했기에, 면접 준비는 아무것도 하지 않았다. 심지어 회사에 관한 기본적인 내용도 준비하지 않았다. 면접관 3명에 지원자 3명으로 면접이 진행되었다. 전문적인 증권지식에 대한 질문이나 회사에 관한 기본적인 내용이나, 자기소개서 내용 등에 대한 질문과 대답이 오갔다.

증권업에 대해 잘 모르지만, 매일 경제신문을 읽어서 그런지 질문에 간략하게나마 대답을 하였는데, 면접관들이 나에 대해서 갈등을 하는 것 같았다. 확실히 준비를 하지 않은 모습을 눈치 챈 것 같았다. 나에게 회사 홈페이지는 들어가 봤냐고 질문해서 그렇다고 대답하였더니, 회사 대표이사 성함이 무엇인지 물어보는 것이었다.

사실 말 그대로 잠깐 홈페이지에 들어가 본 것이 다였기에, 당연히 대표이사 성함을 알 수 없었다. 그래서 기억이 안 난다고 대답했더니, 그러면 한 글자만 맞춰보라고 하였다. 한 글자라도 맞추면 면접 합격이고 못 맞추면 불합격이라고 구체적으로 얘기까지 하기에 아무 글자나 하나를 찍었는데, 맞히지 못했다. 준비하지 않은 나의 무성의함을 자책하면서 합격에 대한 기대를 접었는데, 며칠 후 1차 면접에서 합격을 하였다고 연락을 받았다. 기분이 좋았다.

:: 2차 면접

대우증권의 2차 면접은 토론 면접, 세일즈 면접, 임원 면접으로 진행되었다. 토론 면접의 주제는 한미 FTA에 대한 내용을 중심으로 평범하게 진행되었다. 눈에 띄는 지원자가 한 명 있었다. 발언의 요지도 분명하고, 근거도 적절했는데, 너무 혼자서 많은 얘기를 하려고 하였다. 별로 보기가 안 좋았는데, 그 지원자가 좋은 점수를 받았을지는 의문이다. 나는 평소대로 간략히 이야기하고 묻어갔다.

세일즈 면접은 개인적으로 가장 재미있는 면접 중의 하나였다. 단상 위에 올라가서 면접관 3인과 다른 지원자 앞에서 주어진 상품을 파는 것인데, 주어진 상품은 대체재로 지원자 2명이 2인 1조가 되어 면접이 진행되었다.

나의 경우에는 여행 수단인 기차와 자동차 상품이 주어졌는데, 파트너가 자동차 여행을 선택하여 나는 기차 여행을 선택하게 되었다. 파트너가 자동차가 더 빠르고 원하는 목적지에 더 가까이 갈 수 있다는 등의 장점으로 발표를 하였다. 나의 경우 동일한 특징으로 발언하면 불리할 것 같아서, 감성적인 부분을 중점적으로 이야기하였다.

기차 여행을 하면, 자동차 여행보다 훨씬 아름다운 여행이 될 수 있다. 누구나 어렸을 때 기차를 타면서 삶은 계란을 소금에 찍어 먹으며 사이다를 마셨던 왠지 애틋한 추억이 있을 것이다. 기차 여행을 하면 그런 추억을 되살릴 수 있기 때문에 더욱 즐거운 여정이 될 것이다. 그리고 그런 추억을 되살리는 것 자체가 다시 아름다운 추억으로 남는 것이다.

여기서 삶은 계란과 사이다를 이야기할 때 정말 눈앞에 삶은 계란이 떠오르게 실감나게 이야기를 하려고 신경을 썼고, 이 부분이 면접관의 호감을 얻은 것 같았다. 발표 후 몇 가지 질문이 이어졌는데, "고향인 부산에서 근무를 하라고 하면 하겠는가"라는 질문을 받았다. 솔직히 서울에서의 근무를 희망하였지만, 당연히 할 수 있다고 대답하였다. 지방 근무를 하겠느냐는 질문에 대한 답은 무조건 할 수 있다고 하는 것이 좋은 것 같다.

이어서 임원면접이 이어졌다. 면접관 5명에 지원자 5명으로 면접이 진행되었다. 압박 면접으로 진행되었는데, 정말 인신공격 수준의 질문이 이어졌다. 특히 면접관 중의 한 분이 사장이었는데, 나에 대한 공격이 이어졌다. 혹시 1차 면접 때 사장 이름을 기억하지 못한 것이 기록되어 있나 의심이 될 정도로 질문 공세를 했다. 예를 들어서 "난 자네가 마음에 들지 않네, 어떻게 생각하나?"는 등의 질문을 하였는데, 그냥 같이 "나도 당신이 마음에 들지 않습니다"라고 대답하고 싶을 정도로 기분이 나빴지만, "아, 그렇습니까? 혹시 어떤 부분이 특히 마음에 들지 않으신 건지 여쭤봐도 되겠습니까?"라는 식으로 무난하게 대답을 하였다.

최종 면접 결과는 불합격이었다. 하지만 개인적인 판단으로는 최종 면접 결과에 의한 불합격이라기보다는 인적성 검사결과에 의한 불합격인 것 같았다. 합격하지 못했지만, 즐거운 경험이었다.

Tip;

증권회사에서의 근무는 일반 기업과는 다르다. 장점은 세상의 모든 일이 주가에 반영이 되기 때문에, 세상을 보는 시야가 넓어진다는 것이다. 또한 업무를 통해서 개인적인 재테크가 가능하고, 주식매매를 즐길 수 있다는 점이다. 단점은 자신을 비롯해서 일가친척, 친구들까지 파산에 몰리게 할 가능성이 있다는 점이다.

19장; 현대 기아차 해외영업

: : 자기소개서

200만 원의 팁을 받은 대리운전 기사

저는 상대방의 마음을 여는 능력이 있습니다. 이는 2003년 여름방학에 인생 경험을 하고자 한 대리운전 아르바이트에서 잘 드러납니다. 부산 출신으로서 서울 지리를 잘 모르는 핸디캡에도 불구하고, 회사 내 20여 명의 기사 중에서 항상 고객에게서 가장 많은 팁을 받았습니다. 대부분의 기사들이 한 달에 10만 원의 팁도 받지 못하는 상황에서 저는 한 달 반 동안 무려 200만 원의 팁을 받았습니다. 그 비결은 바로 고객의 이야기를 귀 기울여 들었다는 것입니다. 돈으로는 살 수 없는 값진 경험을 하기 위해 대리운전을 하면서 인생의 선배인 다양한 고객이 하는 말은 무엇보다 소중한 것이라 생각하여 값진 교훈으로 삼으려고 주의 깊게 들었는데, 그러한 태도가 고객들을 감동시켰던 것입니다. 고객들은 저의 태도에 감동하여 마음을 열고 지갑을 열어 저에게 많은 팁을 주었던 것입니다. 이러한 상대방의 마음을 여는 능력은 국내외를 막론한 영업의 기본이라 생각합니다.

소주 5병의 주량과 이삼일의 철야작업

저는 강인한 체력과 정신력을 가지고 있습니다. 타고난 기초 체력과 근육을 사랑하는 사람들의 모임이라는 교내 웨이트 트레이닝 동아리에서 꾸준한 운동으로 단련된 신체와 정신이 소주 5병을 마셔도 평상시와 크게 다르지 않은 모습을 유지하게 합니다. 그리고 이삼일은 잠을 자지 않고 철야작업을 하여도 평상시와 다르지 않게 생활이 가능합니다. 더구나 보통 사람에게는 무리라고 생각되는 그러한 일들을 오히려 즐기며 합니다. 회사에서 해외영업을 담당하면 업무상 술자리를 가질 수도 있고, 특정한 날에 업무가 편중될 경우도 있을 것입니다. 저는 강인한 체력과 정신력으로 그러한 시기에 더욱 현대 기아자동차에 도움이 될 것입니다.

2년 경력의 사례분석가

저는 어떤 현상이라도 철저히 분석할 수 있는 분석력을 가지고 있습니다. 이러한 예리한 시각은 2003년 9월부터 컨설팅 업체에 사례분석가로 일하면서 가질 수 있었습니다. 2년 이상 꾸준히 여러 가지 사례에 대한 분석을 하고 보고서를 작성하는 과정을 통해서 비즈니스 전반에 대한 분석력을 가질 수 있었습니다. 입사 후 회사에서 해외영업 환경을 분석하고 그에 따른 수요를 예측하고, 과거의 데이터를 분석하여 미래의 해외영업 전략을 수립하는 데 저의 이러한 분석력이 빛을 발휘할 것입니다.

최고의 능력을 지닌 사람들로 구성된 팀을 최고로 잘 조율하는 팀장

10년 후 저는 현대 기아자동차 해외영업 부문에서 최고로 인정받는 사람이 되고 싶습니다. 하지만 제 자신의 능력이 최고라고 인정받기보다는 최고의 능력을 지닌 사람들로 구성된 팀을 최고로 잘 조율하는 팀장으로 인정받고 싶습니다. 지금과 같은 급변하는 환경에서 한 개인의 능력이 뛰어나다고 해도 모든 문제를 혼자서 해결할 수는 없을 것입니다. 저는 개개인의 능력을 적절히 파악하여 업무를 분담함으로써 각 개인에게 적절한 책임과 권한을 양도해서 최고의 성과를 거두는 팀을 이끌고 싶습니다. 10년 후 현대기아자동차가 명실상부한 세계 제일의 기업의 위치에 섰을 때, 저는 현대기아자동차가 그 위치에 서기까지 해외영업 부문에서 커다란 공헌을 하는 해외영업팀을 이끄는 팀장으로 존재할 것입니다.

장갑차부터 BMW, 그랜저, 쏘나타

저는 현재까지 직접 운전해본 자동차의 종류가 20종 이상입니다. 자동차에 대한 강렬한 열정으로 군 입대도 운전병으로 지원하여 군대에서 장갑차 운전병으로 교육을 받았습니다. 또한, 다양한 자동차를 느껴보기 위해서 2003년도 여름방학에는 대리운전 아르바이트를 하였습니다.

BMW를 운전하며 변속과정에서 기어 변환이 국산자동차보다 부드럽게 이루어지는 것을 느끼며, 아쉬움을 느끼기도 하였습니다. 저의 자동차에 대한 관심은 제 인생의 반을 차지하였고 앞으로는 더욱 큰 비중을 차지할 것입니다.

축구선수 박지성과 같은 멀티 플레이어

2002년, 대한민국 국민임을 자랑스럽게 느낄 수 있도록 한 월드컵은 제게도 많은 것을 생각하게 하였습니다. 그라운드 어디에서나 주어진 역할을 해내는 박지성 선수를 보고 저도 영업전선 어디에서나 주어진 역할을 해내는 멀티 플레이어가 되고자 다짐했습니다.

우선, 인간관계의 기본이 되는 인간 커뮤니케이션과 현대 사회에 엄청난 영향을 미치고 있는 매스커뮤니케이션에 대해 알고자 신문방송학을 전공하였습니다. 다음으로, 제가 일하게 될 기업과 기업 관련 활동에 대해 알고자 경영학을 전공하였습니다. 마지막으로, 오늘날의 다양한 국내외 사회현상과 국제관계는 경제적인 문제들을 중심으로 형성된 것에 주목하여 경제학을 전공하였습니다.

∷ 면접

현대 기아차의 면접은 토론면접, 임원면접, 영어면접으로 진행되었다. 토론면접은 면접관 3명에 지원자 5명으로 진행되었다. 주제가 주어지고 간단히 주제에 대해서 생각할 시간을 주고 찬반 입장을 정한 뒤 면접장으로 들어간다. 주제는 양심적 병역 거부에 관한 것이었다. 토론면접에 주어진 시간은 30분 정도였는데, 각기 찬반에 대한 기조 발언을 하고 자유롭게 토론을 했다. 나는 기조 발언 후 적절한 타이밍에 2차례 정도 발언을 하는 데 신경을 쓰며 무난하게 토론면접을 마쳤다.

임원면접은 면접관 5명과 지원자 5명으로 진행되었다. 100초의 자기소개로 면접이 시작되는데, 100초 자기소개가 있다는 공지는 면접 일정 공지시 미리 공지되었다. 간단한 소품 등을 이용하면 더욱 효과적으로 100초 자기소개를 할 수 있었겠지만, 난 자기소개에 대해서는 자신이 있었기에 별다른 준비는 하지 않았다.

자기소개로 일단 면접관들의 호의적인 반응을 이끌어냈다고 생각하고 있는데, 대리운전에 대한 질문이 들어왔다. 특이하게 대리운전을 한 경험은 이력서에 쓰기 위한 것이 아니었나는 질문이었다. 취업을 위해서 준비를 했다면, 그 흔한 자격증이라도 하나 땄겠지 대리운전을 하였겠냐고 대답을 하려다가 적절한 대답이 아니라고 판단해 인생 경험을 위해서 하고 싶어서 하였다고 무난하게 대답을 하였다. 나의 대리운전 경험이 마음에 들었던지 한 면접관은 대리운전도 좋은 경험인데, 이삿짐센터 아르바이트도 좋은 인생 경험이 된다는 이야기를 하였다. 그 이야기를 들고 여유가 되면 이삿짐센터 아르바이트를 한 번 해보겠다고 대답을 하였다. 무난하게 면접을 마쳤다.

마지막은 영어면접이었다. 면접관 2명에 지원자 3명으로 면접이 진행되었다. 주제가 주어지고 그 주제에 대해서 간단히 설명을 하고 주어진 질문에 대답하는 식으로 영어 면접은 진행되었다. 나의 주제는 기억에 남는 아르바이트였고, 당연히 대리운전 아르바이트에 대해서 이야기를 할 준비를 하였다. 그런데 문제는 대리운전이 영어로 무엇인지 모른다는 것이었다. 다른 아르바이트 경험을 이야기 하려다가 그냥 부딪히기로 결심했다.

대리운전이 영어로 무엇인지 몰라서 그냥 'I did driving a car for drunken people.' 이라고 이야기를 시작하였는데, 면접관 두 명 중 한 명은 내가 무엇을 말하는지 모르는 것이었다. 그래서 면접관이 내게 무엇인지 다시 물어보았고, 다행히 다른 면접관이 간단히 설명해주어서 면접은 진행되었다. 문법에 맞는 말인지 신경 쓰지 않고 그냥 콩글리시로 이야기를 하면서 무사히 영어면접을 마쳤다. 운 좋게 최종합격을 하였지만 고민 끝에 입사를 포기하기로 결정을 내렸다.

Tip;

현대자동차의 일반사무직은 크게 3가지로 구분할 수 있다.

1. 일반사무
기획, 재경, 경영지원, 해외영업, 마케팅

2. 국내영업, AS
영업기획, 지점관리, AS센터 관리

3. 생산관리
생산관리, 생산기술, 품질관리, 구매/자재

20장; 미래에셋증권 영업

: : 자기소개서

미래에셋증권에 입사 지원을 할 때는 자기소개서를 아주 실험적으로 썼던 것 같다.

박현주 회장님과 함께 일하고 싶습니다

1997년 외환위기로 한국이 경제위기를 겪게 되면서 많은 사람들이 경제에 더욱 큰 관심을 가지게 되었습니다. 저 또한 경제에 관심을 가지고 경제신문을 눈여겨보았습니다. 당시 고등학생이던 제게 가장 인상 깊었던 것은 '박현주1호'라는 뮤추얼 펀드였습니다. 뮤추얼 펀드라는 것에 대한 명확한 개념조차 알지 못했던 때였지만, 수익률이 100%가 넘는다는 사실이 너무나도 인상적이었습니다. 도대체 자신의 이름을 건 펀드를 모집하고 100%가 넘는 수익률을 기록한 사람이 누구인가 궁금하여 박현주라는 인물에 대해서 관심을 가지고 자세히 지켜보았습니다.

33세의 나이에 동원증권 중앙지점의 최연소 지점장이 되어 두 해 뒤에 전국 증권사지점 중 1위의 약정고를 올리도록 이끌고, 이듬해에 압구정지점장이 되어 2년 연속 전국 1위를 기록한 것을 비롯하여, '박현주 사단'과 함께 미래에셋캐피털을 창업하기까지 박현주 회장님께서 걸어오신 길을 보면서, 제가 대학을 졸업하면 꼭 미래에셋증권에서 근무하겠다는 다짐을 하였습니다. 존경하는 인물이 누구인가라는 질문을 받으면 생각나는 사람은 부모님과 역사 속의 인물에 그쳤지만, 박현주 회장님으로 인해서 존경하는 인물의 폭이 넓어졌습니다. 제가 앞으로 가야할 길을 먼저 경험하신 박현주 회장님과 함께 미래에셋증권을 위해서 최선을 다해서 노력하고 싶습니다.

:: 1차 면접

면접관 4명과 지원자 4명으로 면접이 진행되었다. 무난하게 자기소개를 하는 것으로 면접은 진행되었고, 나에게 "술은 잘 마신다고 했는데, 술을 못 마시는 사람에게 도움이 되는 팁이 있다면, 이야기를 해 보겠나?"라는 질문이 주어졌다. 웃으면서 "술 마시는 것은 타고난 체질이기 때문에 어쩔 수 없습니다"라고 대답을 하였다. 순간 질문을 한 면접관의 얼굴이 굳어지는 것을 느꼈다. 수습을 하기 위해 그래도 조금이나마 도움이 되는 팁에 대해서 다음과 같이 이야기 했다.

"빈속에 마시면 빨리 취하니, 술자리 참석 직전에 편의점에 들러서 삼각김밥으로 간단히 요기를 하고, 숙취방지 드링크를 먹으면 도움이 될 것입니다."

술자리 참석 전에 잠시 그럴 여유가 없을 때는 어떻게 해야 하냐는 추가 질문이 들어왔는데, 평소에 운동을 꾸준히 해서 강한 체력을 유지해 놓는 것이 도움이 될 것이라고 대답하였다. 미래에셋 면접을 보았던 시점은 이미 수차례의 면접을 경험한 터라 노련할 때인데, 너무 면접을 편하게 생각해서 친구들과 농담 따먹기 하듯이 면접을 보았고, 질문의 요점에서 다소 벗어나는 답을 하는 실수를 하였다.

면접을 경험하다 보면, 긴장을 하지 않고 너무나도 편안하게 이야기 하는 지원자들이 있다. 나의 경우 초기에는 다소 긴장된 모습을 보였는데, 나중에는 긴장하지 않고 편안하게 이야기하였다. 돌이켜 생각해 보면, 편안하게 이야기하였을 때보다 다소 긴장된 모습을 보인 경우에 면접관들이 더욱 호감을 보였던 것 같다. 이상하다고 생각할 수도 있지만 다르게 생각해보면 당연한 이치다. 면접관을 쉽게 생각하지 않고 있다는 느낌을 주면 그들의 지위에 도전하지 않으면서 성실하게 일할 수 있는 사람이라고 생각할 것이 아닌가! 회사는 사장을 뽑는 것이 아니라 일을 시킬 사원을 구하는 것이기 때문에 사규를 준수하며 성실하게 일할 사람을 원한다. 물론 긴장하고 있는 상태에서 자신감 있는 태도를 유지하는 것도 중요한 요소이다.

결과는 불합격이었다. 면접을 마치면 합격인가 불합격인가에 대한 감이 온다. 면접에서 면접관의 호감을 얻었다는 생각이 들면, 합격을 하고, 면접관의 호감을 얻지 못했다는 생각이 들면 불합격하였다. 일단 서류전형을 통과하면, 동일한 출발선에서 출발한다는 생각을 가지고 면접에 대해서 철저히 준비하면, 스펙에서 다소 부족함을 느끼는 친구도 충분히 합격을 할 수 있겠다는 생각을 하였다.

Tip;

1997년 설립된 미래에셋금융그룹은 8개의 금융계열사를 둔 투자전문그룹이다. 계열사는 미래에셋증권, 미래에셋생명, 미래에셋캐피털, 미래에셋벤처투자, 미래에셋부동산114, 미래에셋펀드서비스, 미래에셋맵스자산운용, 미래에셋자산운용이 있다.

Bible 3 ;

백전백승 취업 필살기

21장; 취업 상식

∷ 입사 준비의 단계

대부분의 회사는 '서류전형 → 인적성 검사 → 면접'의 단계를 거쳐서 신입 사원을 채용한다. 이런 단계에서 준비해야 할 요소는 크게 4가지이다.

첫째는 이력서다. 이력서에 한 줄이라도 적어야 하는데, 적을 거리가 없어서 곤란한 경우 봉사활동 경험이라든지 특이한 아르바이트 경험을 적어도 무난하다. 나의 경우 야학 교사 봉사활동 경험이나, 대리운전 아르바이트 경험을 이력서에 기재하였다. 기재하지 않은 경우도 있었는데, 서류전형 당락에 크게 영향을 끼친 것 같지는 않다.

둘째는 자기소개서다. 개인적으로 자기소개서가 입사전형에서 가장 중요한 역할을 한다고 생각을 한다. 일단 서류전형에서 자기소개서가 결정적인 요인이 되는 경우가 많고, 자기소개서의 내용이 면접전형에도 지대한 영향을 끼치기 때문이다. 또한, 표현하기에 따라서 동일한 인생 경험을 하였어도, 멋진 인생 경험이 될 수도 있는 것이고, 인상적이지 않은 인생 경험이 될 수 도 있기 때문이다. 여러 회사의 자기소개서 작성 항목에 미리 자기소개서를 작성해본다면, 많은 도움이 될 것이다.

셋째는 인적성 검사이다. 인적성 검사는 합격하는 사람은 계속 합격하고, 불합격하는 사람은 계속 불합격하기 때문에, 인적성 검사 통과를 확신하지 못한다면, 시중에 판매되는 문제집 2~3권을 풀어보면 많은 도움이 될 것이다.

넷째는 면접이다. 서류전형을 통과하면, 면접전형으로 당락이 결정된다. 다른 지원자들보다 다소 부족한 자신의 단점에 대해서 콤플렉스를 가지지 않고 자신의 장점을 어필하는 방향으로 면접을 준비하면 좋은 결과를 얻을 수 있을 것이다. 친구나 후배가 면접에 대해서 조언을 구하면 나는 항상 이렇게 이야기했다.

"면접장에는 자신감과 미소, 이 두 가지만 가지고 가면 된다."

특히 대부분의 면접에서는 면접 시작과 동시에 간단한 자기소개를 하는 시간이 주어진다. 이 시간에 면접관에게 확실한 인상을 남기는 자기소개를 준비한다면, 면접은 훨씬 수월하게 진행될 것이고, 면접시간을 즐길 수 있을 것이다.

:: 어떤 회사의 어떤 직무를 지원해야 하는가?

1. 일단, 자신이 아는 범위 내에서 일하고 싶은 회사의 하고 싶은 직무

자신이 일하고 싶은 회사에서 하고 싶은 일을 지원하는 것이 좋다. 문제는 대다수의 구직자들은 자신이 하고 싶은 일이 무엇인지 모른다는 것이다. 자신이 어떤 일을 하고 싶다고 생각하고 있는 경우도, 그 일의 실상에 대해서는 잘 알지 못하는 경우가 많다.

희망하던 회사와 직무를 갖게 된 친구들이 취직 후에 실망을 하는 경우가 많다. 남들이 보기에 괜찮은 회사에서 괜찮은 일을 하는 경우에도 막상 취직한 당사자는 일이 적성에 맞지 않는다고 불만을 토로하는 경우도 많다.

어떻게 해야 후회가 없는 직장을 선택할 수 있을 것인가? 일단 취업 시즌이 다가오기 전에 자신의 적성에 적합한 일이 무엇인가를 모색하는 시기를 가져야 한다. 스스로 자신의 능력과 적성을 고려하여 하고 싶은 일을 찾아야 한다. 또한 가능한 많은 사람들을 만나서 많은 이야기를 나누어야 한다.

2. 다른 회사의 다른 직무에도 관심을 가지고 지원하라

취업 시즌에는 영업, 재경, 인사 등 구체적인 직무를 생각하고 지원을 하되, 자신이 원한다고 생각하는 직무 외에 다른 직무에도 열린 자세를 가질 필요가 있다. 사회에서 실제 경험이 없는 상태에서 자신이 지원하는 분야가 어떤 것인지 정확하게 파악하는 것은 힘들기 때문이다.

나의 경우 대학에 입학하기 이전에는 PD가 되고 싶어서, 신문방송학과에 지원하였다. PD라는 직업은 왠지 멋있어 보였기 때문이다. 하지만, 입학 후 PD라는 직업에 대해서 조금 더 알게 되고, 무엇보다 나 자신이 TV를 보는 것을 좋아하지 않기 때문에 PD의 꿈은 접었다.

나에게 더 맞는 일은 해외영업을 하는 것이라 생각하여, 경영학을 복수전공 하였다. 취업 시즌 직전에 나에게 맞는 일에 대해서 다시 한 번 진지하게 생각하다가 MD라는 직업을 알게 되었다. MD라는 직업이 마음에 들어 홈쇼핑에서 MD인턴을 하였고, MD로 진로를 거의 결정하였다.

하지만 마지막 학기에 다양한 회사의 취업 설명회에 참석하고 다양한 사람들을 만나면서, 재경 분야의 일을 하는 것이 좋겠다는 생각을 하였다. 소위 기업에서 잘 나가는 사람들은 재경 분야 출신인 경우가 많고, 상식적으로도 돈의 흐름을 아는 것이 기업에 대해서 잘 알 수 있는 것이라고 생각하였다. 더구나 다른 업무를 하다가 재경업무를 하는 것은 쉽지가 않지만, 재경업무를 하다가 다른 업무를 하기는 상대적으로 쉽다는 것도 고려사항이었다.

그래서 취업 시즌 중반 이후, 이미 몇 군데 회사에 MD와 해외영업 등으로 입사가 결정된 이후에서야 재경 분야에 지원을 하였다. 사실 대학생활 동안 재경 분야의 공부가 나의 적성에 맞는다고 생각한 적은 없지만 필요하다면 해야 한다고 생각하였기에 지원을 하였다.

최후에 입사할 회사를 결정할 때, 고민이 없었던 것은 아니다. MD,

해외영업, 재경 등 나에게 적합한 분야가 어느 것인가를 고민하였다. 나의 적성에 맞는 업무는 MD나 해외영업이라는 판단을 하였지만, 재경 분야의 업무로 회사 생활을 시작하는 것이 미래에 더욱 도움이 되겠다는 생각을 가지고, 건설회사의 재경 분야로 입사하였다.

회사에서 일을 하다 보면, 짜증나는 일도 생기고, 자신의 업무에 불만을 가질 수도 있다. 대부분의 회사는 시스템이 잘 갖추어져 있기에 신입사원이 회사에 입사해서 할 수 있는 업무의 범위는 한정된 경우가 많다. 단순한 업무의 반복에서 신입사원은 자신의 업무에 회의를 느끼는 경우가 종종 생긴다.

스스로에게 '다른 회사의 다른 분야의 일을 선택했더라면, 지금보다 훨씬 보람찬 생활을 할 수 있었을 것인데, 나는 지금 무엇을 하고 있는가?' 라는 질문을 많이 하게 되고, 실제로 회사를 그만두거나 다른 길을 찾아서 떠나는 친구들도 많다. 만약 입사를 하기 전에 다양한 회사의 다양한 분야에 지원을 하여 다른 일에 대해서 조금 더 알아본다면, 힘들게 취직한 회사를 허무하게 그만두는 낭비를 줄일 수 있을 것이다.

나의 경우도 직장생활에서 회의를 느끼지 않은 것은 아니다. 고난이도의 업무를 해결하며 성취감을 느끼고 싶지만, 단순 반복적인 업무가 많아서 회의를 느꼈다. 하지만 현재의 경험이 미래의 초석이 된다는 생각으로 즐겁게 일하고 있다. 더구나 취업 시즌의 다양한 경험을 통해서 다른 회사에서 다른 업무를 하더라도, 신입사원으로서의 업무 범위에는 한계가 있다는 것을 알기에, 더욱더 즐겁게 일할 수 있는 것이다.

"어떤 회사의 어떤 직무를 지원해야 하는가?"라는 질문에 대한 답은 취업 시즌 이전에 대략적인 방향은 정해놓되, 자신의 미래를 한정하지 말고, 최대한 열린 자세를 가지고 다양한 분야를 지원하는 것이 좋다는 것이다. 수많은 회사에 대해서 가장 많이 알 수 있는 시기는 취업 시즌이다. 취업 시즌의 경험은 사회생활을 하는 데 가장 직접적으로 영향을 미친다. 따라서 가능한 많은 경험을 하도록 노력해야 한다.

:: 회사는 어떤 사람을 뽑는가?

1. 회사는 함께 일하고 싶은 사람을 뽑는다

대부분의 회사는 함께 일하고 싶은 사람을 뽑는다. 남들과 비교해서 자신의 대학생활이 너무나 평범했다고 하더라도 크게 걱정하지 않아도 된다. 인턴 경험을 하고, 해외 연수의 경험이 있고, 공모전 수상 경력이 있다는 것은 물론 취업에 도움이 된다. 하지만 이러한 요소들이 당락을 결정짓는 결정적인 요인은 아니다. 가장 중요한 요인은 그 사람의 됨됨이이다.

사람의 됨됨이라는 것은 구체적이지 않고 포괄적인 의미를 지닌 말이다. 패기와 열정, 성실, 정직, 등의 다양한 덕목이 모두 사람 됨됨이를 구성하는 요소이다. 자신이 얼마나 잘난 사람인가를 뽐내기보다는 자신이 얼마나 바람직한 마음가짐과 자세를 가지고 살아가고 있는가를 보여주는 것이 취직의 당락을 결정한다.

나의 경우에도 취직 전에 객관적으로 남들보다 뛰어난 성과를 거두었다고 내세울 만한 것이 없었다. 이력서를 처음 작성할 때, 빈 칸을 어떻게 채울 것인가를 고민하였을 정도였으니 말이다. 하지만, 나에겐 어떤 일이든 해낼 수 있다는 패기와 열정이 있었고, 이를 적절히 표현하였기에 별다른 어려움 없이 원하던 회사에 취직할 수 있었다.

2. 자신의 특성을 장점으로 승화시켜라

모든 사람들은 각기 나름대로의 장점이 있다. 자신이 어떤 장점을 가지고 있는가를 파악하고, 그러한 장점에 대해서 어떻게 어필하느냐에 따라서 취직의 여부가 결정된다.

모든 친구들이 취직이 어려울 것이라고 생각했던 한 친구가 있다. 그 친구는 국내 최고의 자동차 회사의 서비스 부문에 지원을 하였다. 그리고 면접시 이렇게 이야기 하였다.

"저는 이제껏 살아오면서 수많은 실패와 시련을 겪었습니다. 이러한 실패와 시련을 통해서 느끼는 좌절감이 무엇인지 잘 압니다. 그렇기 때문에 회사에 클레임을 제기하는 고객들의 좌절감에 대해서 그 누구보다도 잘 이해할 수 있고 적절히 대처할 수 있습니다."

그리고 이 친구는 최종 합격을 하였다.

이렇듯 인생의 수많은 실패와 시련을 통한 좌절도 장점이 될 수 있는 것이다. 어떤 중요한 사안에 대해서 신속히 판단을 내리는 사람을 대범한 사람이라고 할 수도 있고, 경솔한 사람이라고 할 수도 있다. 사람의 모든 특성은 마치 동전의 양면과 같아서 어느 방향에서 보느냐에 따라서 그 모습이 달라지는 것이다. 자신이 가지지 않은 특성을 억지로 가지려고 하는 것보다는 자신이 가지고 있는 특성을 장점으로 승화시키는 것이 더욱 바람직한 것이다.

22장; 취업 노하우

: : 이력서 작성법

이력서는 자신에 대한 객관적인 사실들을 기록하는 공간이다. 객관적인 사실들을 기록해야 하므로, 별다른 요령이 없다고 생각할 수 있지만, 실제로는 다양한 요령이 적용되는 공간이다.

1. 면접관의 관심을 유도하라

나의 이력서 사진은 일반적인 이력서의 사진과 다르다는 것이 가장 눈에 띈다. 이력서의 사진은 정장을 입고 찍어야 한다는 것은 이미 불문율처럼 여겨지고 있다. 사실 처음부터 빨간색 니트를 입은 사진을 이력서에 붙일 계획은 없었다. 2005년 겨울방학에 홈쇼핑 회사에 인턴을 지원할 때, 정장이 없어서 2004년 가을에 운전면허를 갱신할 때 찍은 증명사진을 붙였는데, 합격을 하였다. 이후 정장을 입고 사진을 찍었지만, 빨간색 니트를 입은 사진이 더 나를 잘 표현하는 것 같아서 계속 그 사진을 사용하였다.

천편일률적으로 정장을 입고 넥타이를 맨 이력서를 보다가 나의 빨간색 니트를 입은 사진을 보면, 면접관으로 하여금 "어 이놈 봐라?"라는 관심이 생길 것이라 생각했다. 그리고 자기소개서에 이어지는 패기와 열정에 대한 내용을 본다면, 내가 누구인지 한 번쯤 보고 싶을 것이라 생각했다.

주위 사람들의 조언에 따르면 이력서에 정장을 입고 찍은 사진을 붙이지 않는 것은 탈락 1순위라고 한다. 하지만 나는 입사지원서 작성 요강에서 '이력서의 사진을 정장을 입은 사진을 붙여야 한다' 는 문구를 한 번도 본 적이 없었고, 이력서의 사진이 정장을 입고 찍은 사진이 아니라는 이유로 불합격시키는 회사라면, 내가 다니지 않는다는 생각으로 이 사진을 계속 사용하였는데, 결과가 괜찮았다.

2. 빈칸은 최대한 채워라

이력서를 화려한 이력으로 가득 채울 수 있는 구직자는 그리 많지 않다. 대부분의 구직자는 빈칸을 어떻게 채울 것인가를 고민한다. 이때가 되면, 대학생활을 허무하게 보낸 것을 후회하지만, 이미 돌이킬 수 없다. 하지만 걱정할 필요는 없다. 아무리 사소하게 여겨지는 경험이라도, 어떻게 표현하느냐에 따라서 대단한 경험이 될 수 있기 때문이다.

예를 들어 나의 이력서에는 군 생활에 대한 내용이 있다. 군단 정보대대에서 근무하면서 군단장 보고용 파워포인트 문서를 작성했다고 적혀 있다. 나의 이력서를 보는 사람들은 내가 파워포인트 문서 작성에 아주 능숙할 것이라고 생각할 것이다. 사실 파워포인트 문서 작성을 못하는 것은 아니지만, 남들보다 한 차원 높게 잘하는 것도 아니다. 대부분의 남자가 겪은 군 생활로 이력서 빈칸을 그럴듯하게 채웠다는 것에 주목해야 한다.

3. 질문을 유도하라

이력서를 단순히 서류전형 통과용이라고 생각하면 안 된다. 서류전형을 통과하고 1차 면접, 2차 면접을 거치는 동안, 이력서는 계속 다른 면접관들이 구직자를 판단하는 기본적인 자료가 된다.

나의 경우 대리운전 아르바이트 경력을 이력서에 적었다. 이와 관련된 내용을 자기소개서에도 적음으로써 면접관이 대리운전 아르바이트에 대해서 질문을 하게 유도하였다. 면접 시간은 한정되어 있기에, 면접자 한 사람에게 주어지는 질문의 수는 한정되어 있다.

대부분 면접시 나는 대리운전 아르바이트에 관한 질문을 받았다. 다른 면접자들이 한미 FTA의 영향이나 회사의 구체적인 비전과 같은 대답하기 쉽지 않은 질문을 받을 때, 나는 그냥 나의 경험을 재미있게 이야기하였다. 대답을 하면 추가 질문이 이어져 대리 운전 아르바이트에 대해서만 이야기 한 적도 적지 않다.

이력서에서 질문을 유도하는 내용을 적음으로써 면접까지 편하게 보는 것이다. 이력서에서 질문을 유도하면 면접장에서 면접관들의 질문에 끌려 다니지 않고, 면접관들을 휘어잡을 수 있는 것이다. 이렇게 되면, 면접은 거저먹는 것이나 다름없다.

:: 이력서와 자기소개서 쉽게 작성하기

1. 무작정 써내려가라

이력서와 자기소개서를 처음 쓰려고 하면, 대부분의 사람들은 막막함을 느낄 것이다. 무엇을 어떻게 쓸지 감이 안 잡히고, 막상 쓰려고 하면 쓸 내용도 없어서 답답할 것이다. 하지만 주어진 질문에 대해서 무작정 써내려가다 보면 어떻게 쓸지 조금씩 감이 잡힐 것이다. 처음부터 완벽한 이력서와 자기소개서를 작성하려고 하기보다는 대충 쓰고 조금씩 업그레이드 해나가는 것이 훨씬 좋은 방법이다.

2. Copy & Paste 하라

일단 한 회사에 대한 이력서와 자기소개서를 작성하면, 다음 회사에 대한 이력서와 자기소개서는 한결 쉽게 작성할 수 있다. 두 번째 작성시는 무에서 유를 다시 창조하려고 하지 말고, 기존의 작성된 내용을 최대한 활용하면 시간을 절약할 수 있다.

나의 경우 30여 군데 회사에 이력서와 자기소개서를 제출하였다. 처음 이력서와 자기소개서를 작성할 때는 서너 시간이 걸렸다. 두 번째, 세 번째 쓸 때도, 서 너 시간이 걸렸지만, 네 번째 쓸 때부터는 작성시간을 30분으로 한정하고 주어진 시간 내에 완성을 하였다.

이력서는 한번 작성하면, 샘플을 옆에 두고 그대로 타이핑 하면 된다. 자기소개서는 기존의 내용을 회사 이름만 바꾸고, Copy & Paste 하였다. 전혀 색다른 질문만 아니면, 기존의 내용을 그냥 가져다 붙였지만, 대부분 회사의 서류전형을 통과하였다.

자기소개서는 주어진 질문에 대한 답을 해야 하는 공간이라는 생각을 버려라. 자기소개서는 이름 그대로 자신에 대한 소개를 하는 공간이다. 기존의 내용을 그대로 가져다 쓴다는 것에 대한 찜찜함을 가질 필요는 없다.

3. 면접관의 입장을 고려하라

면접관은 자신의 이력서와 자기소개서를 간단히 한 번 읽고 넘어간다는 사실을 명심해야 한다. 주로 인사팀의 직원들이 이력서와 자기소개서를 읽고 당락을 결정한다. 이들은 수천, 수만 명이 되는 지원자들의 이력서와 자기소개서를 읽는다. 평범한 내용을 평범한 방식으로 쓴다면, 면접관의 관심 한 번 끌어보지 못하고, 서류전형에서 불합격할 것이다. 그렇기 때문에 최소한 읽는 사람이 지루하지 않게 이력서와 자기소개를 작성하는 것이 좋다.

: : 면접시 자기소개

"안녕하십니까, 패기와 열정을 가진 준비된 멀티 플레이어 정병옥입니다. 첫째, 저는 패기와 열정을 가지고 있습니다. 인생 경험을 위해서 2004년도 여름방학 동안 대리운전 아르바이트를 하는 등 남다른 패기와 열정을 가지고 있습니다. 둘째, 저는 준비된 체력을 가지고 있습니다. 대학생활에서 근육을 사랑하는 사람들의 모임이라는 웨이트 트레이닝 동아리에서 꾸준히 운동하여 현재 이삼일의 철야작업에도 끄떡없는 강인한 체력을 가지고 있습니다. 셋째, 저는 멀티 플레이어입니다. 대학생활 동안 경영학, 경제학, 신문방송학 세 가지 과목을 전공하였고, 컨설팅 회사의 사례 분석가, 야학 교사 등의 다양한 경험을 통하여 언제 어디서나 어떤 일이든 해낼 수 있는 멀티 플레이어로서의 능력을 키웠습니다. 저의 이러한 열정을 ㅇㅇㅇㅇ(지원하는 회사명)을 위하여 바치고 싶습니다. 이상입니다."

내가 면접을 볼 때 하였던 자기소개이다. 대부분의 회사의 면접은 우선 간단한 자기소개로 시작된다. 자기소개를 어떻게 하는가는 상당히 중요하다. 면접관을 처음 보며 인사를 하고 자기소개를 마치는 순간, 당락의 80%가 좌우된다. 옅은 미소를 띠며 큰 목소리로 자신감 있게 자기소개를 마치면, 대부분의 면접관이 호의적인 태도를 보였다. 일단 면접관이 호의를 가지게 되면 큰 실수를 하지 않는 이상 면접에 합격한다.

나의 자기소개를 자세히 분석해보겠다.

❶ 나의 장점 세 가지를 말한다.

내가 가진 장점 중 세 가지 요소인, 패기와 열정, 준비된 체력, 멀티 플레이어 각각에 대해 간단히 언급하였다. 일반적으로 사람들은 두 가지 이하를 들으면 뭔가 부족한 듯한 느낌을 받는다. 하지만 네 가지 이상을 들으면 지루한 느낌을 받고 상대방이 이야기하고자 하는 요점을 놓친다. 세 가지 요소에 대한 이야기를 하면, 면접관이 가장 편하게 들을 수 있다.

❷ 회사에 혜택을 줄 수 있는 요소에 대해 이야기한다.

구직자의 패기와 열정, 준비된 체력, 멀티 플레이어로서의 능력은 회사에서 필요로 하는 요소이다. 부산에서 1남 2녀 중 둘째로 태어나 대학 이전까지는 부산에서 생활하였다는 등의 불필요한 이야기는 하지 않았다.

❸ 구체적인 사례를 든다.

대리운전을 통한 패기와 열정, '근육을 사랑하는 사람들의 모임'이라는 웨이트 트레이닝 동아리를 통한 준비된 체력, 세 가지 전공과 여러 경험을 통한 멀티 플레이어로서의 능력, 각각의 사례가 신뢰성을 준다. 뿐만 아니라, 구체적인 사례는 면접관의 관심을 불러일으킬 수 있다.

❹ 첫 마디에서 이야기하고자 하는 내용을 요약한다.

'패기와 열정을 가진 준비된 멀티 플레이어 정병욱입니다.' 이 한마디에 이야기하고자 하는 모든 것이 요약되어 있다. 이를 통해서 면접관은 내가 어떤 이야기를 할 것인지 예상을 할 수 있고, 여러 면접자의 이야기가 끝난 후, 내가 어떤 이야기를 하였는지 기억할 수 있다.

❺ 유머러스한 표현을 사용한다.

웨이트 트레이닝 동아리를 'Sogang Fitness Club' 라고 이야기 할 수도 있었지만, 근육을 사랑하는 사람들의 모임이라는 용어를 사용하여 긴장된 분위기를 완화하고자 하였다. 특히 이 부분에서 말하는 속도를 약간 늦추며 면접관들의 눈을 쳐다보면서 미소를 지었다.

: : 면접장에 가져가야 하는 두 가지

면접을 보러 들어갈 때는 자신감과 미소, 이 두 가지만 가지고 가면 된다. 세심한 부분까지 주의를 하려고 신경을 쓰다 보면 정작 중요한 부분에서 실수를 하게 된다. 자신의 예상과 면접장의 분위기가 다르고 진행 스타일이 다르면 당황하게 되어 좋은 결과를 얻지 못 할 수도 있다.

1. 자신감을 가지고 가라

면접은 회사가 나를 뽑는 과정이기도 하지만, 내가 회사를 뽑는 과정이기도 하다. 나와 함께 일할 사람들이 어떤 사람들인지를 볼 수 있는 기회인 것이다. 내가 일할 회사를 뽑는다는 생각을 가지고 자신감을 가지고 긴장을 풀고 이야기를 하는 것이 더욱 긍정적인 효과를 가져올 것이다.

물론, 아무 근거도 없는 무모한 자신감이 아니라, 평소 꾸준한 훈련으로 내공을 쌓은 근거 있는 자신감이어야 한다. 예를 들면, 자기소개는 유창하게 할 수 있어야 하고, 예상되는 질문 몇 가지에 대한 흥미로운 답은 준비가 되어 있어야 한다.

2. 미소를 가지고 가라

사회생활을 하기 전까지는 다양한 사람들을 만날 기회가 많지 않다. 더구나 대하기 어려운 사람들을 만날 경우가 드물기 때문에, 면접시 긴장을 하는 경우가 많다. 이런 경우 의식적으로라도 얼굴에 미소를 지으면, 긴장이 해소되는 효과를 가질 수 있다.

또한, 면접시 미소를 지으면 면접관에게 긍정적인 이미지를 심어줄 수 있다. 사람은 누구나 상대방이 웃을 때 더욱 쉽게 다가갈 수 있다. 긴장한 표정으로 이야기를 하게 되면, 조직생활에 적응하기 어려울 것 같다는 인상을 주기 때문에 피해야 한다.

23장; 시간 관리

: : 우선순위 정하기

'해야 할 일은 많은데, 시간은 한정되어 있고, 어떻게 하지? 애라 모르겠다. 어찌 되겠지. 아, 스트레스 쌓이네. 스트레스나 풀어야겠다.'

누구나 한 번쯤 이러한 생각을 해보았을 것이다. 지금도 많은 사람들이 이러한 고민을 하며 괴로워할 것이다.

이러한 고민을 해결하기 힘이 들어, 그냥 만사가 귀찮아서 해결하려는 노력을 포기하고, 친구들을 만나서 술이나 마시고, 이불을 뒤집어쓰고 잠을 자고, 컴퓨터 게임을 하면서 현실 도피를 하는 경우가 많을 것이다. 모든 것을 잊고 즐겁게 놀 때는 좋지만, 다음날 일어나 보면, 아무런 문제도 해결되지 않아 다시 괴로움은 시작된다. 이러면 인생이 즐거울 수가 없다.

이러한 고민에 시달릴 때는 우선순위를 정해보자. 예를 들어, 내일 오전까지 기말고사 대체 리포트 제출 마감, 오늘 저녁 친구와의 중요한 약속, 마음에 드는 이성에게 고백할 계획, 모레 계획된 기말고사, 어질러진 집 정리, 밀린 빨래 등등의 일이 있다고 하자.

가장 우선해야 할 일은 내일 오전에 제출할 리포트 작성이다. 지금 당장 도서관을 가서 필요한 자료를 찾아서 컴퓨터 앞에 앉아서 리포트를 작성하라. 완벽한 결과물을 만들기 위해 노력하지 말고, 일단 완성하는 데 의의를 두어라. 결과물이 마음에 들지 않아도 친구를 만나기 전에 마무리하고 친구를 만나서, 약속을 지켜라. 그리고 마음에 드는 이성에게 고백할 계획에 대해 이야기 하라. D-Day는 다음 주로 계획하고, 신경을 꺼라. 무리해서 늦게까지 놀지 말고, 집에 일찍 돌아와서 집 정리와 밀린 빨래를 하고 잠을 자라. 다음날 리포트를 제출하고 기말고사를 대비한 공부를 하라.

이런 식으로 하나씩 계획적으로 정리해 간다면, 복잡한 머릿속을 한결 가볍게 할 수 있을 것이다. 마무리하지 않은 어떤 일이 남아 있으면 편안한 마음으로 살아가기 힘들다. 일단 해야 할 일들을 하나씩 해치워 나가면 언제나 기분 좋은 하루를 시작할 수 있을 것이다.

:: 휴대전화 일정표

시간을 효율적으로 사용하기 위해서 필수적인 생활 태도는 메모를 생활화하는 것이다. 하지만, 어떤 상황에서나 메모장과 필기구를 휴대하는 것은 쉬운 일이 아니다. 메모 도구를 여러 장소에 비치하여, 분산시켜서 메모하는 것은 오히려 역효과를 낼 수 있다. 언제 어떤 메모를 어디에 한지 기억하는 데 한참을 헤매야 할 것이다.

어떤 상황에서나 메모를 하기 위해서 휴대전화 일정표를 이용하라. 사람들과 이야기를 하다가 약속을 정하거나, 필요한 일이 생각나면 휴대전화 일정표에 기록을 하라. 그리고 그 일을 기억하려고 노력하지 마라. 휴대전화 일정표가 대신 기억을 할 것이다.

흔히들, 메모는 기억하기 위해 하는 것이라 생각하는데, 메모는 잊기 위해 하는 것이다. 자질구레한 일들을 기억하면 정작 중요한 일들을 집중해서 생각할 수가 없다. 사소하게 기억해야 할 일들은 과감히 메모하고 잊고, 더 생산적인 일에 생각을 집중하라.

: : 샤워하는 시간

갑자기 뜬금없이 샤워 이야기가 나와서 당황스럽기도 할 것인데, 난 개인적으로 하루에 샤워를 몇 번을 해야 하는가에 대해서 진지하게 고민을 했었다. 샤워를 하면 상쾌하다는 장점이 있는 반면 샤워를 하는 데 시간이 소비된다는 단점이 있다.

아무튼 하루에 샤워를 몇 번 하는 것이 좋은가? 두 번은 하기를 권장한다. 아침에 일어나서 하루를 시작하기 전, 밤에 자기 전 샤워를 하면 좋다. 하루에 두 번 이상 샤워를 하는 것은 귀찮기도 하고, 시간이 아깝기도 하다. 특히 땀도 별로 흘리지 않은 날은 그냥 샤워할 시간에 다른 일을 하는 것이 더 효율적이라 생각할 수 도 있다.

아침에 샤워를 하면 하루를 상쾌하게 시작할 수 있고, 자기 전에 샤워를 하면, 숙면을 취할 수 있다. 뿐만 아니라 아침에 샤워를 하면서 하루를 계획할 수 있고, 자기 전에 샤워를 하면서 하루를 반성할 수 있다.

중요한 면접을 앞둔 아침에는 샤워를 하면서 머릿속으로 면접장의 분위기를 상상하면서 가상면접을 해보자. 자신감을 가지고 이야기하는 자신의 모습을 상상하면 실제 면접장에서 당황하지 않고, 씩씩하게 이야기할 수 있을 것이다.

하루를 열심히 생활하고, 저녁 늦게 집에 돌아와서 피곤한 몸을 그냥 침대에 던지지 말고, 샤워를 하라. 샤워를 하면서 하루를 돌이켜봐라. 보람찬 순간이 있을 것이고, 아쉬운 순간이 있을 것이다. 보람찬 순간을 생각하며 즐거운 마음으로 하루를 마감하고, 아쉬운 순간을 생각하며 실수는 한 번으로 끝내고, 같은 실수를 두 번 하지 않는다고 다짐하라. 이러한 생활이 반복되면 습관이 되고, 이러한 습관은 당신의 삶을 후회 없는 삶으로 만들 것이다.

24장; 잡동사니

: : 마지막 학기 수강신청

마지막 학기인 8학기에는 구직활동과 학교생활을 병행할 수 있도록 여유 있게 시간표를 짰다. 경영학 전공 이수학점을 채우기 위해서 경영학 두 과목을 더 들어야 했다. 영어에 대한 감을 유지하고자 영어 과목을 두 개 수강하였다. 사회에 나가기 전에 배웠으면 하는 골프, 테니스, 에어로빅과 포크댄스도 수강하였다.

마지막 학기에 시간표를 어떻게 짜느냐에 따라 구직생활을 즐기며 할 수 있는지 아닌지가 결정된다고 하여도 과언이 아니다. 나의 경우 구직활동과 학교생활을 병행하는 데 거의 문제가 발생하지 않았다.

Bible 1의 '취업 준비 마무리' 편에서 언급하였지만, 한 회사에 입사지원을 하면 '입사지원서 작성 → 인적성검사 → 1차 면접 → 2차 면접 → 3차 면접 → 신체검사 등의 과정을 거친다. 여러 회사에 지원을 하면 이러한 과정이 되풀이되는데, 여기에 투자되어야 하는 시간은 생각보다 많다. 면접을 한 번 보면 왔다갔다하는 시간을 고려하면 반나절이 소요

된다. 이러한 점을 고려했을 때, 불가피한 상황이 아니라면, 마지막 학기에는 수강신청을 여유 있게 할 필요가 있다.

:: 인턴 경험

입사 지원 전의 인턴 경험은 입사에 큰 도움이 된다. 마지막 이전 방학때 할 수 있으면 좋고, 마지막 방학 때는 꼭 인턴 경험을 해 보길 적극 권장한다. 나의 경우 GS홈쇼핑에서의 MD 인턴경험이 GS홈쇼핑, 롯데백화점 MD, LG 패션MD 최종 합격에 결정적인 도움이 되었다고 생각한다.

일단 인턴 경험이 있으면, 무엇보다도 이력서에 한 줄을 추가할 수 있고, 자기소개서에도 할 이야기가 생기고, 면접에서도 자신이게 이야기할 이야깃거리가 생긴다. 뿐만 아니라 실질적으로 인턴 경험은 회사생활을 해보았다는 자신감을 가지게 한다. 또한 실전 면접을 미리 경험해 볼 수 있다는 장점도 상당히 크다.

참고로 나의 경우 인턴 경험을 하였던 직무와 다른 직무에 입사 지원을 하는 경우에는 인턴 경험을 밝히지 않았다. 예를 들어서, 은행에 지원을 하는 경우, 홈쇼핑 MD인턴 근무를 하였다는 것은 마이너스 요인이되었으면 되었지, 플러스 요인은 되지 않을 것이라 생각하였다. 아무튼마지막 방학에는 인턴경험을 하기를 적극 권장한다.

:: 무대 공포증

나에겐 무대 공포증이 있었다. 내성적인 성격이 아니고 평소에 목소리가 작은 편이 아닌데, 많은 사람들 앞에서 이야기를 하면 목소리가 떨리고 식은땀이 났다. 무대 공포증을 극복해야 하겠다는 생각은 예전에도 하였지만, 막상 실천에 옮긴 적은 없었다. 발표를 해야 하는 순간은 단순히 피하기만 하였다. 하지만 대학 4학년 때 더 이상 피할 수 없을 것이라는 생각에 무대 공포증을 극복하기 위해 노력하였다. 수업시간에 자발적으로 발표자가 되었다. 특히 영어 수업시간에 영어로 발표를 하는 것은 무대 공포증을 극복하는 데 상당한 도움이 되었다.

무대 공포증을 극복하는 나만의 노하우는 발표하는 주제에 대해서 자신감을 가지면 된다는 것이다. 일단 그 누구보다도 내가 발표하는 주제에 대해서 잘 알고 있다는 자신감을 가지면 무대 공포증을 극복하는 데 결정적인 도움이 된다. 그리고 실제 발표와 같은 리허설을 수차례 되풀이 하면, 누구나 무대 공포증을 극복할 수 있을 것이다.

:: 영어 공부

개인적으로 영어 공부에 가장 효과적이었던 방법은 시트콤을 통한 영어 공부였다. 나의 경우, '프렌즈'라는 미국 시트콤을 통해서 영어 공부를 하였다. 처음에 자막 없이 프렌즈를 보니, 무슨 말인지 이해할 수가 없었다. 사람들이 웃는 부분에서 나는 웃을 수 가 없었다. 그래서 한글 자막과 함께 보니 그제야 함께 웃을 수 있었다. 똑같은 시리즈를 한글 자막과 함께 보고, 다음은 영어 자막과 함께 보고, 다음은 자막 없이 보았다. 수십 편의 에피소드를 이러한 방법으로 보니, 귀가 조금씩 뚫리는 것을 느꼈다.

: : 어학연수

'어학연수를 가야 하나, 말아야 하나?

많은 사람들이 이러한 고민을 할 것이다. 나는 어학연수를 적극 추천한다. 나 또한 어학연수를 가느냐 마느냐에 대해 많은 고민을 하였다. 평범한 가정에서 수천만 원의 비용이 드는 어학연수를 가는 결정을 내리기가 쉽지는 않았다. 영어의 필요성은 느끼지만 막상 영어 공부를 하는 것은 쉽지가 않았다. 학교에서 배우는 것에 대한 공부, 친구들과의 만남 등 영어 공부에 우선하는 것이 너무나 많았다. 항상 우선순위에서 밀려나는 영어 공부를 위해서는 어학연수를 가야겠다는 결심을 내렸다.

어학연수를 가겠다는 결정은 하였지만, 어느 나라로 갈 것인가에 대한 고민이 시작되었다. 미국, 영국, 캐나다, 호주, 필리핀 등 여러 나라

중에서 미국식 영어가 가장 널리 사용된다고 판단하여, 미국과 캐나다 두 나라로 대상지를 압축하였다. 미국과 캐나다 중 어느 나라를 선택해야 하는지 고민하였다. 그리고 내가 왜 이 고민을 하는지 이유를 생각해 보았다. 이유는 돈이었다. 사실 미국을 가면 더 많은 것을 배울 수 있을 것 같아 미국을 가고 싶었지만, 캐나다는 상대적으로 저렴한 비용이 들었기에 쉽게 결정을 하지 못했던 것이다.

결국 현재의 수천만 원은 나에겐 너무나 큰돈이지만, 졸업하고 취직하면 일 년 연봉밖에 안 된다는 생각을 하고 미국으로 어학연수를 갔다. 사실 미국에 어학연수를 가서 돈이 아깝지 않게 영어 공부를 열심히 한 것은 아니다. 하지만 어학연수를 통해서 영어로 의사표현을 하는 데 큰 어려움이 없을 정도의 수준은 되었다. 뿐만 아니라, 세계의 다양한 나라의 사람들을 만나고 함께 생활을 하는 기회를 가졌다는 것이 더욱 크나큰 자산이 되었다.

: : 모든 것은 자신의 탓이다

자신에게 일어난 모든 일에 대한 책임은 자신에게 있다. 사실 책임소재를 따지면, 자신의 책임이라고 하기엔 억울한 일들이 많을 수도 있다.

예를 들어, 장사가 잘 되던 음식점이 불경기로 인해서 매출이 줄어서 폐업위기에 있다고 하자. 음식점 주인은 무능한 정치인들을 욕하며 매출 하락의 원인을 정치인들에게 돌린다. 하지만, 아무리 불경기라고 해도, 잘 되는 음식점은 무수히 많다. 줄을 서서 기다려서 입장하는 음식점이 한둘이 아니다. 음식점 매출 하락의 원인은, 불경기를 극복하려고 최선을 다해 노력하지 않고, 단순히 호경기만을 기다린 음식점 주인에게 있는 것이다.

갑작스런 지하철 사고로 연착이 되어, 면접시간에 늦어서 불합격했다고 하자. 지하철 사고만 나지 않았으면, 합격이었을 것인데, 나의 의지와는 관계없는 사고로 인해서 내 인생이 망쳐버렸다고 분노할 수도 있다. 하지만 정말 그 면접이 중요했다면, 면접시간 한 시간 이전에 면접 장소에 도착하도록 스케줄을 정했어야 한다.

택시에 휴대전화를 두고 내렸는데, 택시기사가 찾아주지 않고 연락이 없어서 휴대전화를 잃어버렸다고 하자. 기본 상식을 갖춘 사람이라면 휴대전화 주인에게 연락을 해서 찾아주어야 한다. 그래서 택시기사를 욕하며 분노하지만, 그렇다고 해도 휴대전화는 되찾을 수 없다. 나쁜 택시 기사를 만나서 휴대전화를 잃어버렸다고 생각하지만, 그것을 잃어버린 것은 나 자신이다.

사실 나에게 일어난 모든 일을 내 탓으로 하기엔, 억울한 일이 많을 것이다. 하지만 분명 나와 관련된 일에서 나의 책임이 전혀 없다고 하기는 힘든 경우가 많다. 또한 나에게 일어난 모든 일은 나의 탓이라 생각하면, 세상을 미워하지 않고 살아갈 수 있다.

: : 원래 못하는 것은 없다, 관심이 없어서 못하는 것이다

직접 이런 말을 하기 쑥스럽지만, 나는 보통 사람들보다 두뇌회전이 빠르다고 생각한다. 하지만 암기력은 보통 사람들보다 오히려 못하다. 시 한 편을 외우지 못하고, 노래 한 곡을 제대로 외우지 못한다. 어렸을 때부터 나는 스스로가 암기에는 약하다고 생각하고 있었다. 사실 암기를 하는 것은 무의미한 시간 낭비라고 생각하여 암기하기 위해 노력을 하지도 않았다. 하지만 대리운전을 하면서, 두세 개의 휴대전화 번호를 기억해야 하는 경우가 종종 발생했는데, 어느 순간 한 번 들은 두세 개의 휴대전화 번호를 외울 수 있었다. 필요하게 되니까 외우게 되는 것이었다.

6학기를 마치고 방학 동안 1학년 1학기 때 수강하여 D학점을 받은 법학개론을 재수강하였다. 법학개론 시험에는 암기가 필수여서 재수강하지 않으려고 했는데, 암기에 대한 도전으로 재수강하였다. 그리고 결과는 B 플러스로 재수강을 했을 경우 받을 수 있는 최고의 학점을 얻었다. 재수강이 아니었으면 A 플러스를 받았을 정도로 완벽하게 답안 작성을 하였다. 나 스스로가 놀랐다. 그리고 깨달았다. 세상 대부분의 일이 누구나 관심을 가지지 않고 안 해서 못하는 것이지, 관심을 가지고 끊임없이 계속하면 누구나 잘 할 수 있다는 사실을.

회사생활 즐기기;

모두들 입사를 위한 면접에서는 회사를 위해서 열심히 일하겠다고 얘기한다. 하지만 막상 입사 후 몇 달만 지나도 회사생활에 염증을 느끼고, 출근하기 싫어한다. 회사를 그만두고 싶지만 딱히 다른 할 일이 없기에 어쩔 수 없이 다니는 사람들도 많다. 가장 많은 시간을 보내는 회사생활이 즐겁지 않고서야 인생이 즐거울 수는 없을 것이다. 회사생활이 즐겁기 위해서는 먼저 회사에서 인정을 받아야 한다. 하지만 아무것도 모르는 신입사원이 회사에서 인정을 받기는 쉽지 않은 일이다. 회사에서 인정을 받고 즐겁게 생활할 수 있는 몇 가지 노하우를 이야기해보겠다.

인사

입사 후 재경직군 신입사원의 대다수가 본사 근무를 희망하였으나 회사 방침상 현장배치가 원칙이었다. 하지만 나는 본사로 발령이 났다. 당시 주택자금팀 팀장님이 인사팀 직원에게 신입사원을 추천해달라고 요청하였는데, 인사팀 직원이 나를 추천하였다. 그 이유는 내가 평소에 밝게 인사를 잘하였기 때문이었다. 단순히 인사만 잘했는데 GS홈쇼핑 인사팀에서 GS건설 인사팀에게 전화를 해서 나에 대한 칭찬을 하였고, 그로 인해 나는 쉽게 본사로 발령이 났던 것이다.

이건 단적인 예이고, 평소에 인사를 잘 하는 것처럼 쉽게 좋은 인상을 남기는 것이 없다는 것은 굳이 이야기를 하지 않아도 다들 잘 알 것이다.

출근

회사의 출근 시간은 9시인데, 나는 입사 후 일 년 반 동안 7시에 출근하였다. 회사 업무에 대해서 아무것도 모르니 조금이나마 빨리 배우고자 남들보다 일찍 출근하여 업무와 관련된 자료를 보면서 조금씩 업무를 익혔다. 돌이켜 보니 신입사원 때 일찍 출근하였던 것이 회사 생활에 상당히 많은 도움이 되었던 것 같다. 일단 일찍 출근한다는 사실만으로 성실하다고 인정받았고, 익숙하지 않은 업무를 미리 준비할 수 있으니, 더 잘할 수 있었던 것 같다. 참고로 지금은 아침시간을 활용해서 운동을 하고 8시에 출근한다. 하지만 아직까지도 나를 주택사업본부에서 가장 일찍 출근하는 부지런한 직원으로 알고 있는 사람들도 많다.

술자리

회사마다 다소 차이는 있겠지만 상당수의 회사에서는 술자리를 많이 갖는다. 물론 잦은 술자리는 일상생활에 도움이 되지 않지만 술자리도 잘 활용하면 많은 것을 배울 수 있다. 술자리를 통해서 업무시간에는 하지 못했던 많은 이야기를 할 수 있고, 더욱 가까워질 수 있다. 나의 경우는 업무 특성상 영업팀과의 교류가 많았고, 신입사원이라 많은 사람들과 친해지기 위한 술자리가 잦았다. 거의 매일 술자리가 이어졌다. 때로는 밤을 새워 술을 마시기도 하였다. 그러나 아무리 술을 많이 마셔도 흐트러진 모습을 보이지 않았고, 피곤해도 다음날 출근 시간은 똑같이 지켰다.

사장이라는 마인드

회사에서 하는 일이 항상 보람차고 즐겁기는 쉽지 않다. 특히 신입사원의 업무는 더욱 그러할 것이다. 하지만 항상 개선안을 찾고 그것을 위해 노력한다면 보람차고 즐거울 수 있다. 물론 많은 사람들이 오랜 시간 구축해놓은 시스템은 나름의 이유가 있기에 존재하는 것이겠지만 그냥 남들이 하던 대로 하다 보면 불필요한 업무가 늘어나는 경우도 있고, 정작 필요한 것은 챙기지 못하는 경우도 있다. 비록 자신의 개선안이 실제 업무에 반영이 되지 못하더라도 그 노력만으로 더욱 의미 있는 회사생활을 할 수 있을 것이다. 그냥 단순히 월급을 받으려고 출근한다고 생각하면 회사생활이 즐거울 수 없다. 조금 웃기지만 나는 경영수업을 받는다고 생각하고 일을 한다. 내가 사장이라는 마음가짐으로 회사생활을 하면, 보고 배우고 느끼는 것이 너무나도 많다.

자신의 업무에서 최고가 되어라

일단 신입사원으로서 자신이 맡은 업무에서는 최고가 되어야 한다. 나의 경우 특히 자금을 관리하였기에 한 치의 실수도 하지 않으리라는 마음가짐으로 일했다. '모든 책임은 여기에서 끝난다'는 글귀를 책상에 붙여놓고, 절대 실수하지 않으려고 집중을 해서 일을 했다. 그래도 인간인지라 간혹 실수를 하기도 하지만, 처리한 결과를 철저하게 확인함으로써 실수가 돌이킬 수 없는 상태가 되기 전에 정정할 수 있었다. 나는 내가 하였던 업무를 나만큼 빠르고 정확하게 처리할 수 있는 사람은 없을 것이라는 자부심을 가지고 일을 한다. 이러한 자부심을 느낀다면 회사생활이 즐거울 것이다.

운동

운동을 좋아했지만 직장을 다니니 운동할 시간이 없었다. 입사 후 일년 정도 거의 운동을 하지 않으니 몸이 망가지는 것이 느껴졌다. 배도 나오기 시작하여 계절이 바뀌자 허리둘레가 일 인치씩 늘어 바지의 허리둘레를 늘려야 했다. 위기의식을 가지고 운동을 시작하였지만 잦은 회식과 야근으로 퇴근 후 운동을 한다는 것은 너무나 어려웠다. 그래서 운동시간을 아침으로 바꿨다. 아침에 운동하고 출근하기 위해서는 일찍 일어나야 하지만 아침에 운동을 하고 출근을 하면 하루를 개운하고 즐겁게 보낼 수 있다. 처음에는 다소 피곤하지만 꾸준히 운동하면 체력이 좋아지기에 훨씬 좋은 컨디션으로 생활할 수 있다.

독서

직장생활을 하며 꾸준히 책을 읽는다는 것이 쉬운 일은 아니다. 퇴근 후 친구들을 만나서 술을 한 잔 하거나 누워서 TV를 보는 것은 그냥 휴식을 취하는 것이지만, 책을 읽는다는 것은 무언가 다른 일을 하는 것으로 느껴지기 때문이다. 하지만 책을 읽는 것도 휴식의 차원에서 이루어질 수 있다. 하루에 한두 시간씩 휴식을 취할 때 TV를 보는 대신 책을 읽는 습관을 갖는다면 시간이 지날수록 삶의 질이 달라질 것이다. 사람은 누구나 자아성장의 욕구를 가지고 있다. 어제의 나보다 오늘의 내가 나아진 것이 없다면 삶을 즐겁고 보람차게 느끼기 힘들다. 업무에 지치고 힘들어도 꾸준히 독서를 한다면 성장하는 자신의 모습을 느낄 수 있어 삶이 보다 즐거워질 것이다.

재테크

돈이 전부는 아니지만, 삶에서 중요한 부분을 차지하는 것은 사실이다. 경제적인 궁핍은 삶의 질을 떨어뜨린다. 젊었을 때 다양한 분야에 투자를 해볼 필요성이 있다. 나의 경우 입사 후 일 년간은 주식장이 호황기에 있어서 하루 수익이 월급보다 많기도 했다. 한때는 수천만 원의 수익을 얻었지만, 2007년 하반기부터 세계 경제의 침체로 장이 좋지 않아지면서 수익은 손실로 전환되었다. 비록 현재는 투자로 손실을 보았지만 지금도 계속되는 다양한 분야에 대한 투자가 삶을 더욱 재미있게 하는 원동력이 된다. 실패가 있어야 더욱 큰 성공을 얻을 수 있기에 젊은 시절 실패는 사서도 해야 한다. 따라서 두려워 말고 다양한 재테크를 경험해볼 필요가 있다.

글을 마치며;

3년 전 취직 준비를 하면서 원하는 자료와 정보를 찾기가 쉽지 않았다. 누군가에게 취업을 준비하는 과정을 처음부터 끝까지 듣고 싶은데, 너무나 단편적인 부분들만 들을 수 있었다. 당시에 내가 취업을 하면 그 경험을 책으로 만들어 필요로 하는 누군가에게 도움이 되게 할 것이라고 생각하였는데, 3년이 지난 지금에서야 책을 썼다.

다른 일에 우선순위에서 밀린 이유도 있지만, 책으로 쓰기에는 너무나도 부족하다는 자격지심이 컸다. 또한 당시에 나는 주위의 친구들이 입사를 원하는 기업에 합격을 하고도 가지 않고, 다른 사람들에게는 간절한 기회인 면접을 즐겼다는 부분에 대한 죄책감도 있었다. 그리고 이 책의 영향으로 구직자들이 마구잡이로 입사 지원을 하면 합격하는 사람들은 더 많은 회사에 합격을 하고 합격하지 못하는 사람들은 더 합격하기 어려워질 수 있겠다는 기우와 취업난과 중소기업의 인력난이 공존하는 역설적인 시대 현상을 심화시킬 수 있겠다는 염려도 한몫 하였다.

하지만 취업에 힘들어하는 친구나 후배에게 많은 도움을 줄 수 있을 것이라 확신하기에 틈틈이 작성했던 원고를 마무리하여 이렇게 완성하였다. 이 책에 있는 한 개인의 취업 준비 모습으로 큰 틀을 그리고 해당 기업 홈페이지나 회사 설명회, 선배나 친구의 조언, 취업정보 카페 등에서 얻은 정보를 이용하여 세부적인 부분을 그리면 성공적인 취업이라는 멋진 그림을 완성할 수 있을 것이다. 이 땅의 모든 구직자들에게 이 책을 바친다.

감사의
인사;

감사의

부모님께 이 책을 바칩니다. 사랑의 표현이 서툰 경상도 남자라 태어나서 부모님께 사랑한다는 말 한 번 한 적이 없네요. 쑥스러움을 무릅쓰고 지면을 빌려서나마 얘기하겠습니다. 어머니, 아버지 사랑합니다. 아들이 효도할 수 있도록 오래오래 건강하게 사세요. 누나, 동생, 친척 여러분, 고맙습니다. 아직까지도 전 항상 받기만 했던 것 같습니다. 이제는 제가 주는 역할을 하겠습니다. 친구, 선후배들 고맙습니다. 먼저 전화도 잘 하지 않는 부족한 제 곁에 있어주셔서 감사합니다. 직장동료, 거래처 직원 분들 감사합니다. 아직 능력과 인격수양이 부족하여 많이 도와드리지 못했습니다. 올해는 더 나은 모습을 갖추도록 노력하겠습니다. 이 책의 기획부터 출간까지 조언을 아끼지 않았던 현진, 주현, 새별, 종희, 규하, 희진, 승례, 은수, 유형과 책의 디자인에 많은 도움을 주었던 나은, 출판을 도와주신 한성출판기획의 노고에 특히 감사드립니다. 그리고 이 책을 구입하고 읽어주시는 독자 여러분께 가장 큰 감사를 드립니다. 항상 행운이 가득하길 바랍니다.